永恒的华夏史诗丛书
——纪念遗址

陆 飞/编著

吉林人民出版社

图书在版编目(CIP)数据

纪念遗址 / 陆飞编著. -- 长春：吉林人民出版社，2012.5

（永恒的华夏史诗丛书）

ISBN 978-7-206-09060-8

Ⅰ. ①纪… Ⅱ. ①陆… Ⅲ. ①纪念地 – 中国 – 青年读物 ②纪念地 – 中国 – 少年读物 Ⅳ. ①K878.2-49

中国版本图书馆CIP数据核字(2012)第117946号

纪念遗址
JINIAN YIZHI

编　　著：陆　飞
责任编辑：张　娜　　　　　　封面设计：七　洱
吉林人民出版社出版 发行（长春市人民大街7548号 邮政编码：130022）
印　　刷：永清县晔盛亚胶印有限公司
开　　本：670mm×950mm　　1/16
印　　张：12　　　　　　　　字　　数：90千字
标准书号：ISBN 978-7-206-09060-8
版　　次：2012年7月第1版　　印　　次：2023年6月第3次印刷
定　　价：38.00元

如发现印装质量问题，影响阅读，请与出版社联系调换。

目　录

一行遗迹 ································· 1
二七会议会址 ···························· 1
八一南昌起义总指挥部旧址 ··········· 2
八七会议会址 ···························· 3
八路军一二九师司令部暨晋冀鲁豫军区司令部旧址 ··· 3
八路军总部五台县旧址 ················· 6
八路军总部太行旧址 ···················· 6
八路军总司令部旧址 ···················· 7
八路军西安办事处旧址 ················· 8
八路军桂林办事处旧址 ················· 9
八路军驻湘办事处旧址 ················ 10
八路军驻洛阳办事处旧址 ············· 11
八路军驻兰州办事处旧址 ············· 12
八路军驻南京办事处旧址 ············· 14
八路军驻武汉办事处旧址 ············· 15
八路军驻新疆办事处旧址 ············· 16
八路军总政治部、总参谋部旧址 ···· 17
"三二九"广州起义指挥部旧址 ······· 17
三湾改编旧址 ··························· 18

才溪乡调查会会址	19
大成国王府遗址	20
大柏地战斗旧址	20
大通师范学堂旧址	21
工农革命军第一军第一师师部旧址	22
万木草堂旧址	23
万卷楼遗址	23
上梅暴动旧址	24
义和团吕祖堂坛口遗址	25
广州公社旧址	26
广州农民运动讲习所旧址	26
广东东江各属行政委员会公署旧址	27
广西东兰第一届农民运动讲习所旧址	28
马炮营起义会议旧址	29
马陵古战场遗址	30
王锡桐起义遗址	30
王家坪革命旧址	31
云南陆军讲武堂旧址	32
木门会议旧址	33
中央大礼堂旧址	34
中央军委礼堂旧址	35
中央军事委员会会议室旧址	35
中央工农民主革命政府旧址	36
中央农民运动讲习所旧址	36

中央红军总部驻地旧址	37
中央革命军事委员会旧址	38
中共中央党校旧址	39
中共中央政治局旧址	40
中共中央办公楼旧址	40
中共中央北方局旧址	41
中共中央东南局旧址	42
中共中央负责人遵义寓所旧址	42
中共中央书记处小礼堂旧址	43
中共中央鄂豫皖分局旧址	43
中共湘赣省委旧址	44
中共湘鄂赣省委旧址	44
中共湘区委员会旧址	45
中共豫陕区党委旧址	46
中共闽浙赣省委旧址	47
中共浙东区委旧址	47
中共鄂豫皖区委会旧址	48
中共满洲省委机关旧址	48
中共湖南省工作委员会旧址	49
中共桂林市城市工作委员会旧址	49
中华工会办公旧址	50
中华全国总工会旧址（广东广州）	51
中华全国总工会旧址（江西瑞金）	52
中华民国临时政府参议院旧址	52

中国人民抗日军政大学旧址	53
中国工农红军总政治部旧址	54
中国工农红军第四军军部旧址	54
中国工农红军第七军军部旧址	55
中国工农红军第八军司令部旧址	55
中国共产党第一次全国代表大会（上海）	56
中国共产党第一次代表大会会址（浙江嘉兴）	57
中国共产党广东区委会旧址	58
中国共产党六届六中全会会址	59
中国共产党代表团驻沪办事处旧址	60
中国共产党湘赣边界第一次党代表会旧址	61
中国社会主义青年团中央机关旧址	62
中国医科大学旧址	63
中美合作所集中营旧址	63
少林寺遗址	64
毛泽东同志视察长春居住旧址	65
凤凰山麓革命旧址	66
长门炮台遗址	67
长冈乡调查会会址	68
长辛店二七革命遗址	68
长辛店劳动补习学校旧址	69
辛店留法勤工俭学预备班旧址	70
文化书社遗址	71
文昌阁纪念址	71

文翁石室遗址	72
巴西会议会址	73
平江起义旧址	73
平阳金钱会起义遗址	74
平型关战役遗址	75
平津战役天津前线指挥部旧址	76
玉茗堂遗址	77
东方军总部旧址	78
东汉太学遗址	79
东汉辟雍遗址	79
古田会议会址	80
古城会议旧址	82
龙岩红四军司令部旧址	82
石门古战场遗址	83
叶坪旧址群	83
叶挺指挥部旧址	85
北伐誓师大会会场遗址	85
北极阁观象台遗址	86
北洋水师提督署旧址	88
白沙古战场遗址	89
冉庄地道战遗址	90
永安州城遗址	91
永新联席会议旧址	92
宁都起义指挥部旧址	92

西安事变旧址	93
西安情报处旧址	95
西泠印社社址	96
西柏坡中共中央旧址	97
回山乡革命委员会旧址	98
伊犁将军府旧址	99
自然科学院旧址	99
军官教育团旧址	100
江南水师学堂旧址	101
红七军军部旧址	101
红七军政治部旧址	103
红三团团部旧址	104
红军之友社旧址	104
红军干部大会旧址	105
红军总政治部旧址	106
红军总参谋部凤凰山麓旧址	106
红军地方工作部旧址	107
红军强渡大渡河遗址	108
孙津川秘密工作旧址	108
杨家岭革命旧址	109
赤山约农会旧址	110
赤石暴动旧址	110
赤壁之战遗址	111
时务学堂遗址	112

延安文艺座谈会会场旧址 …………………………… 112
延安县南区合作总社旧址 …………………………… 113
延安新华广播电台旧址 ……………………………… 114
沙洲坝旧址群 ………………………………………… 115
张仲景祠遗址 ………………………………………… 115
张家湾军事会议旧址 ………………………………… 116
陈白沙钓鱼台故址 …………………………………… 116
枣园革命旧址 ………………………………………… 117
武昌起义军政府旧址 ………………………………… 118
青龙寺遗址 …………………………………………… 119
矿路学堂旧址 ………………………………………… 120
罗坊会议会址 ………………………………………… 121
金田起义旧址 ………………………………………… 121
岳飞抗金故垒遗址 …………………………………… 123
岳北农工会旧址 ……………………………………… 123
京汉铁路大罢工长辛店指挥部旧址 ………………… 124
京报馆旧址 …………………………………………… 125
郑成功水寨山故址 …………………………………… 126
羑里城遗址 …………………………………………… 127
建宁革命旧址 ………………………………………… 128
建松政苏维埃政府旧址 ……………………………… 128
孟良崮战役遗址 ……………………………………… 129
陕甘宁边区政府旧址 ………………………………… 130
陕甘宁边区参议会会址 ……………………………… 131

7

陕甘宁、晋绥联防司令部旧址 …………………………… 131
城南书院遗址 ……………………………………………… 132
柏露会议会址 ……………………………………………… 133
赵子谦故居遗址 …………………………………………… 134
省港罢工委员会旧址 ……………………………………… 134
贵生书院遗址 ……………………………………………… 135
秋女烈士祠遗址 …………………………………………… 136
秋收起义文家市会师旧址 ………………………………… 137
秋收起义第三团团部旧址 ………………………………… 138
重庆《新华日报》营业部旧址 …………………………… 138
独乐园故址 ………………………………………………… 139
闽东土地革命领导机关旧址 ……………………………… 140
闽北苏维埃政府旧址 ……………………………………… 141
"语丝社"旧址 …………………………………………… 141
觉悟社旧址 ………………………………………………… 142
贺龙指挥部旧址 …………………………………………… 143
莱芜战役指挥所旧址 ……………………………………… 144
莱芜战役"陈毅指挥所"遗址 …………………………… 144
黄桥决战革命旧址 ………………………………………… 147
梦溪园遗址 ………………………………………………… 148
捻军起义旧址 ……………………………………………… 149
教育会坪旧址 ……………………………………………… 150
第二次全国工农代表大会礼堂旧址 ……………………… 151
船山学社旧址 ……………………………………………… 152

惜阴书院遗址	153
鸿门遗址	153
淮海战役总前委旧址	154
隋唐洛口仓遗址	155
焦山抗英炮台遗址	156
鲁迅艺术学院旧址	157
腊子口战役遗址	157
谢朓北楼遗址	158
湖南自修大学旧址	159
湖南通俗日报社遗址	160
湖南省工团联合会遗址	161
湖南省农民协会遗址	162
湖南省临时苏维埃政府遗址	163
葵园遗址	163
解放日报社旧址	164
靖边营遗址	164
新四军军部旧址	165
新四军军部司令部旧址	168
新四军军部大会堂旧址	168
新四军军部政治部旧址	169
新四军驻福州办事处旧址	169
新四军办事处旧址	170
新四军平江通讯处旧址	171
新四军第五师司令部旧址	171

新城大捷旧址 …………………………………… 173
《新华日报》办事处旧址 ………………………… 174
新民学会遗址 …………………………………… 174
横山县抗日民主政府旧址 ………………………… 175
横山新四军第一支队指挥部旧址 ………………… 176
遵义会议会址 …………………………………… 176
遵义县革命委员会旧址 …………………………… 178

一行遗迹

在浙江天台县城北天台山国清寺。共二处：一为墓。一行（673—727年），唐代高僧，著名天文学家。他为修订《大衍历》，曾到国清寺居留，向寺僧求教数学。后人在寺前七佛塔后建墓纪念。墓前立碑，上题"唐一行禅师之塔"。二为桥。又传他到寺时，正值此山大雨，因而寺门前东山涧中水位猛涨，向西山涧中倒灌。今寺外丰干桥侧有石碑一方，上书"一行到此水西流"。

二七会议会址

在江西吉安市南的坡头。是一栋前后两进的梁家宗祠。1930年2月6日，毛泽东在此召开红四军前委、赣西、赣南特委、红五军和红六军军委联席会议。7日，毛泽东做了《关于政治形势和党的任务》的报告。同时将红四军前委改为总前委,作为四、五、六军及赣西南、闽西、东江、湘赣边区等红色区域的领导机关,毛泽东任总前委书记。2月9日会议结束。现会址保存完好。

八一南昌起义总指挥部旧址

在江西南昌市中山路洗马池。原为"江西大旅社"。是一座灰色五层大楼,共96个房间。1927年7月下旬,起义部队到南昌,包下了这个旅社,在喜庆厅召开会议,成立以周恩来为书记的中共前敌委员会,成为领导起义的指挥中心。8月1日凌晨,周恩来、朱德、贺龙、叶挺、刘伯承等领导,组织了南昌起义,全歼守敌1万余人。打响了反对国民党反动派的第一枪,是中国共产党独立领导革命战争的开始。1957年在旧址建立"南昌八一起义纪念馆",陈毅亲笔书写了馆标。展出了当年的历史文物和照片,系统地介绍了南昌起义爆发的历史背景、详细经过和重大意义。起义总指挥部会议大厅、周恩来办公室、林伯渠办公室、军事参谋团办公室及警卫连、军医处的房间等均已复原陈列。

八七会议会址

在湖北武汉市汉口鄱阳街。为一幢西式三层楼房。在大革命遭到失败的危急关头，中国共产党中央于1927年8月7日在此召开紧急会议。由瞿秋白主持，李维汉为执行主席，毛泽东在会上做了重要讲话，强调政权是由枪杆子取得的。这次会议纠正了陈独秀的右倾机会主义错误，撤销其领导职务，选出新的中央临时政治局，确立了土地革命和武装反抗国民党反动派的总方针，决定在湘鄂赣粤四省举行秋收起义，并号召全党全国人民继续进行反帝反封建的革命斗争。现旧址保存完好。当时设在二楼的会场已复原，一楼陈列着有关八七会议的史料和文物。

八路军一二九师司令部暨晋冀鲁豫军区司令部旧址

位于河北省涉县赤岸村。抗日战争时期，中国无产阶级革命家、军事家刘伯承、邓小平率领八路军一二九师，在兄弟部队的配合下，开辟创建了晋冀鲁豫抗日根据地。它是抗日战争时期共产党领导的最大的抗日根据地之一。包括津浦路以西，石德、石太路以南，同蒲路以东，陇海路以北，横跨山西、河北、山东、河南四省的广大地区。它是八路军总司令部所在地，是华北抗日游击战争的心脏和神经中枢。在解放战争时期，它又是主要战场之一，在战争转入反攻阶段之后，又成为支援各路反攻大军的主要供应基地。一二九师司令部暨晋冀鲁豫军区司令部长期设在河北省涉县赤岸村。从1940年起，在这里住了5年多。赤岸村地处清漳河畔，依山傍水，自然环境很好。司令部大院在村中央的小山坡上。院内西屋是刘伯承住室，北屋是会议室，南屋是办公室，东屋是警卫室；邓小平住在西院一幢坐南朝北的房子里。现在，司令部大院旧址北屋、东屋和南屋陈列着反映当时军民光荣斗争史的革命文物和有关资料。抗日战争时期，刘伯承、邓小平在这里指挥晋冀鲁豫根据地军民，广泛开展抗日游击战争，不断扩大根据地，建立抗日政权，加强根据地的各项建设，为抗日战争的胜利做出了卓越贡献，在抗日战争史上写下了光辉篇章。1945年8月20日，抗日战争刚刚胜利，晋冀鲁豫中央局和晋冀鲁豫军区即在赤岸村成立，邓小平任中央局书记和军区政委，军区司令员是刘伯承。司令部仍设在原八路军一二九师司令部大院。刘伯承和邓小平在这里运筹帷幄，指挥晋冀鲁豫解放区军民粉碎了国民党军队的进攻。在这里制定了上党战役和平汉战役作战方案，并亲自指挥这两个著名的战役，取得了胜利。上党是山西省东南部以长治为中心的地区。1945年9月，阎锡山集中13个师的兵力，在日伪军的配合下，先后自临汾、浮山、翼城和太原、榆次出发，侵入晋冀鲁豫解放区之晋东南的襄恒、屯留和潞城等地。解放区军民在刘伯承、邓小平指挥下，发动反攻，歼敌35000余人，俘虏多名敌军长、师长等高级军官。平汉战役是在邯郸马头一带进行的。1945年9月，国民党军队自郑州、新乡一带沿平汉路进攻晋冀鲁豫解放区。10月下旬，其先头部队3个军，侵入磁县、邯郸一带。刘伯承、邓小平指挥解放区军民奋起自卫，经过一周激战，10月30日，国民党第十一战区副司令长官兼新八军军长高树勋将军率其所属新八军1个纵队

1万余人在邯郸地区起义。其余两个军在溃退中被我军围歼。上党战役和平汉战役，我党不仅取得了军事上的胜利，而且在政治上以铁的事实揭露了当时国民党蒋介石假和谈、真备战的阴谋。此后，晋冀鲁豫军区领导机关迁到武安县冶陶村，1947年在这里召开了整党整风和土地会议。同年又召开了大军南下会议。

八路军总部五台县旧址

位于山西省五台县城东南的南茹村。当年，中国无产阶级革命家、军事家朱德，彭德怀同志曾在这里工作和战斗过。原建筑仍然保留如故，但院落里的家具已被送往北京军事博物馆展览。

八路军总部太行旧址

位于山西武乡县东部的砖壁村，距县城45公里。1939年

6月，八路军总司令部迁移到这里，成为抗日战争的指挥中心之一。震惊中外的华北战场百团大战，就是1940年秋由彭德怀、左权等同志在这里部署和指挥的。当年的八路军司令部，驻在砖壁村东的一组古寺庙群中。庙群由玉皇庙、佛爷庙、李家丰祠堂、娘娘庙组成。建筑占地面积1万多平方米，具有中国寺庙的传统特色，排列有序，组合自然，建筑玲珑俊秀，别具风格。

八路军总司令部旧址

在山西省武乡县东部的王家峪和砖壁村。抗日战争时，八路军总司令部曾在两村驻扎一年多，是华北各解放区的指挥中心。王家峪位于洪水河南岸的一条狭谷中，夹岸丘壑起伏。旧址在村北相连的3座民居中，傍山而立，南行约里许，河右岸有一棵大杨树，树干遒劲，枝丫繁茂，据传为1940年朱德亲手种植。砖壁村在王家峪之东，相距约10公里。位居太行山腰，背依群山，峰峦环绕，前临深谷狭洞，素有"砖壁天险"

之称。总部旧址在村东,由玉皇庙、佛爷庙、娘娘庙、李家祠堂等建筑群组成。新中国成立后将司令部旧址复原,在王家峪建有"八路军总部旧址纪念馆"。

八路军西安办事处旧址

在陕西婳安城北七贤庄。院落坐北向南,共10所。它是1936年12月西安事变后,中国共产党为了便于同国民党商讨共同抗日事宜,在这里设立了国民党统治区第一个公开办事机构——红军联络处。抗日战争爆发后,中国工农红军改编为国民革命军第八路军,9月改为"国民革命军第八路军驻陕办事处",简称"八办"。叶剑英、林伯渠和董必武先后在此主持工作。刘少奇、周恩来、朱德、邓小平、博古、吴玉章等都曾到这里指导过工作。国际共产主义战士白求恩、印度援华医疗队的柯隶华和巴苏,以及美国进步作家史沫特莱等国际友人,都曾在这里居住并工作。它是传递情报、输送干部、采购转运医药器材、转发电讯等工作的据点,处于国民党反动派层层包围监视之下。

"八办"的建筑布局是前、中、后四排平房，中间有两幢较高的工字形厅堂。前幢厅堂是"八办"的中心，中间是会客厅和办公室。厅下面有一个地下室，住警卫战士的地方。室内有一个垂直的地洞，洞内安设有秘密电台。工字厅两侧有周恩来、邓小平、朱德、叶剑英、林伯渠、董必武等同志的住室。后一幢厅堂有救亡室、党支部办公室、电台、译电室等，此外还有处长伍云甫同志和周子健同志的办公室兼卧室，以及彭德怀同志的卧室。"八办"一号院旧址东边的三号院是陈列馆，这里陈列着珍贵的历史文物、文献、资料、实物、图片，来这里参观的人都对在白色恐怖时期坚持战斗的"八办"工作人员和领导同志的斗争精神深表敬意，对老一辈无产阶级革命家无限怀念。1959年将旧址恢复原貌，建为"八路军西安办事处纪念馆"，展出有关文物史料。

八路军桂林办事处旧址

在广西桂林市中山北路98号。砖木结构，二层楼房。面积342平方米。楼下为警卫室、值班室、办公室。楼上为秘书室、会议室、机要室、电台室和周恩来的住室等。1938年10月，武汉沦陷前夕，周恩来根据中共中央指示，派李克农在桂林市内设办事处。周恩来曾三次到办事处指导工作。办事处在中共中央南方局领导下，宣传我党抗日主张，组织和发动广大人民群众，团结抗日爱国人士，筹运军需物资，输送革命干部和进步青年到延安和前线，为争取抗日战争的胜利做出贡献。1941年1月，国民党发动皖南事变后，办事处被迫撤销。1944年桂林沦陷，旧址被毁。1967年按原样修复。

八路军驻湘办事处旧址

在湖南长沙市东长街（今蔡锷中路）徐祠巷徐家祠堂，后迁寿星街2号。1937年10月至12月9日，中共中央先后派徐特立、高文华从延安抵达长沙，建立八路军驻湘办事处。高文华任中共湖南省工作委员会书记，徐特立为八路军少将参议，驻湘代表，王凌波为办事处主任。1938年10月27日至11月

12日，周恩来、叶剑英曾来此工作。主要工作是：扩大和巩固抗日民族统一战线，宣传抗日救亡的形势和中国共产党积极抗日的主张，与国民党湖南地方当局交涉释放被捕的共产党员和爱国人士，吸收革命青年分赴抗日前线。同时，发动湖南的抗日救国运动，接受海外华侨的捐献，把通信器材和医药用品及时的转运前线。后因国民党制造反共逆流，徐特立被迫离湘，王凌波被押解出境。办事处于1938年长沙大火后撤离长沙。现旧址已部分复原。

八路军驻洛阳办事处旧址

全称为"国民革命军第十八集团军驻洛阳办事处"。简称"洛八办"。位于陕西洛阳老城南关贴廓巷，中段51、52号。坐南朝北，进大门为一方形院落，东西两排厢房，分别为警卫班、传达室、接待室等。进二门后为又一院落，东西两排厢房，时分别为秘书室、总务科等。此院东邻另一小院，南有3间楼房，当时楼下为处长室，楼上为小会议室。建于1938年

11月。初称通讯处,由刘向三任处长,下设秘书、副官、交通员以及机要室等。皖南事变后,遵照党中央指示,于1942年2月1日,将全部人员撤回延安。其间,办事处为延安及抗日前线输送了大批进步学生和爱国青年。刘少奇、彭德怀等同志都曾亲临办事处指导工作。近年在原办事处的一眼枯井中掏出手枪、水壶、子弹及各种证章近百件,是洛阳市重要革命纪念地之一。现旧址已经修葺,辟有陈列室,陈列当时革命斗争的珍贵史料、图片和部分实物。

八路军驻兰州办事处旧址

原名八路军驻甘办事处。坐落在兰州酒泉路互助巷二号。这是一座极其普通的旧式小院,这里曾是中国无产阶级革命家谢觉哉、彭加伦等同志生活和战斗的地方。办事处紧靠大门的南屋,外面摆着1张长桌,几把圆椅,这是办事处开会和接待客人的地方。在这间屋子的墙角下,有1床1桌,是第一任处长彭加伦同志办公及睡觉的地方。里间为他的住室,有一个通间大炕,挨炕头的窗下摆着1张桌子,谢觉哉就伏在这张桌子办公。西房为秘书、副官及警卫员的住室,东房是厨房及服务员、炊事员的住室。中间为一正方形小院,当年办事处的同志们在工余时,便把会议室的长桌抬到这里打乒乓球。西安事变之后,党中央决定在西安、兰州、武汉、桂林、重庆等地设立办事机构。1937年5月,兰州办事处成立,开始设在南滩街54号(今互助巷2号),1938年2月迁到孝友街32号(今酒泉路127号)办公。谢觉哉作为党中央和毛主席的代表,张文彬、彭加伦和伍修权同志先后任办事处处长。办事处成立之后,广泛接触各界人士,积极宣传我党抗日主张,发展抗日民族统一战线,开展抗日救亡活动;组织、建立进步的救亡团体和书刊报社,培养、输送大批青年到延安学习和参加革命工作;协助甘肃党委开展工作、发展和扩大组织;积极设法营救在张国焘错误路线指挥下渡河西征、在河西走廊遭到失败而失散的西路军,接待前往苏联路经兰州的我党领导同志,转运苏联党政支援我党的物资和新疆、甘肃等地区送往抗日前线的物资等,领导甘肃人民为争取抗日战争和中国人民解放事业的胜利做出了贡献。1939年至1940年周恩来同志在邓颖超等同志陪同下赴苏联治病，往返途中都住在办事处，并向办事处工作人员做了形势报告。任弼时、程世才、贺子珍、蔡畅、邓发、陈郁、萧三、李天佑、杨至成、谭家述等同志也先后在办事处住过。还有去苏联学习的同志，如冼星海、袁牧之、孙维世等，也都经由办事处联系。皖南事变后，兰州形势急骤变化，迫使办事处的大部分人员于1941年撤回延安，只留少数人坚持斗争，直到1943年最后撤离。现旧址辟为纪念馆。纪念馆的东西两个展室，用文字和实物反映了当年八路军驻甘办事处在四面皆敌的情况下，是怎样开展工作的。

八路军驻南京办事处旧址

在江苏省南京市青云巷41号（原傅厚岗62号）和高云岭29号（原高楼门29号），是两座坐北朝南的西式砖木结构的假三层建筑。是中共为团结抗战在国民党统治地区设立的第一个办事处。1937年8月，党中央派周恩来、朱德、叶剑英赴南京参加蒋介石召开的国防会议，协议将红军改编为八路军、新四军；同时在南京设立八路军办事处，具体与国民党军令、军政二部交涉军火、军饷等事项，同时开展抗日宣传活动。直至12月13日南京失陷。青云巷41号，是代表团的办事处。一层为会客室和办公室，二层是办公室和卧室，董必武、叶挺、秦邦宪等在此住过。三层阁楼是机要室。院内西南角小平房是收发室，楼房后西北角小庇间是油印室。1937年9月，曾印过"平型关大捷"的号外。高云岭29号，是叶剑英、廖承志等的住处。抗战胜利后，于1946年，八路军办事处由重庆迁回南京，在梅园新村中共代表团驻地办公。

八路军驻武汉办事处旧址

在湖北武汉市汉口长春街。是一幢四层楼房。1937年12月，八路军办事处由南京迁此。中国无产阶级革命家周恩来等同志在这里工作，坚决贯彻执行党的全面抗战路线，积极宣传抗日主张，努力为八路军筹备军需，输送大批干部、青年到延安和抗日前线，并领导了南方地区的抗日斗争，为争取抗日的胜利起了重要作用。旧址于1978年修复，当年周恩来、邓颖超、董必武、叶剑英等无产阶级革命家的办公室及当时的电台、会议室均已复原，在一楼举办了八路军驻武汉办事处革命史展览。旧址已辟为纪念馆，陈列有1938年保卫武汉与日机空战中牺牲的烈士和遇难的陈柱天烈士的照片。

八路军驻新疆办事处旧址

在新疆乌鲁木齐市胜利路二巷路口。是一座二层小楼。楼顶东南角建有木阁小亭。楼建于1933年。1938年为八路军驻新疆办事处驻地。先后由中国无产阶级革命家陈云、邓发、陈潭秋任办事处负责人。1942年被反动军阀盛世才破坏。1942年9月办事处负责人陈潭秋、毛泽民、林基路等同志被秘密杀害。1962年旧址成立纪念馆对外开放。

八路军总政治部、总参谋部旧址

在陕西延安王家坪革命旧址内。院中一条小河渠把八路军总部分为南北两处。渠南为总政治部，渠北是总参谋部。总政治部下设组织、宣传、敌工、锄奸、作战和秘书处。原有数十孔土窑洞，大多已崩塌。总参谋部下设作战、侦察、通讯、联络、管理、警备、教育5科，另设有作战研究室和侨委。参谋住院有12孔石窑洞，同军委会议室和朱德、彭德怀的故居连成一体。除作战研究室旧址外，其余均保持较好，是王家坪革命旧址建筑的重要组成部分。

"三二九"广州起义指挥部旧址

在广东广州市越华路小东营5号。为一幢四进三间的青砖民房。1910年11月，孙中山领导的中国同盟会决定在广州发动武装起义，起义总指挥黄兴在此设立秘密指挥部，筹划起义，部署战斗。这里距离清政府两广总督署不过500步。起义之日（农历辛亥三月二十九日，阳历4月27日）下午5时45分黄兴率领称为"先锋队"的敢死队百余人从这里出发，进攻两广总督署，辛亥革命从此揭开了序幕，震撼了清政府的封建统治，成为武昌起义的前奏。辛亥革命后，遗址逐渐被人遗忘，新中国成立后由爱国民主人士李章达之子秉承其父遗愿将该房捐献给国家，辟为辛亥广州起义指挥部旧址纪念馆，供广大群众参观。1962年定为广东省文物保护单位。为纪念辛亥革命胜利80周年，于1991年10月10日经过重新修葺对外开放。

三湾改编旧址

位于江西永新县九龙山下，距砻市30公里。傍山依水，地形险要。1927年9月29日，毛泽东同志率秋收起义部队从湖南浏阳文家市，经萍乡、莲花到达三湾村，进行了具有历史意义的三湾改编。取消了3个团的番号，将工农革命军第一军第一师改编为工农革命军第一军第一师第一团；在部队中建立党的各级组织，班有小组，连有支部，营、团有党委，连以上各级均设党代表，并且成立了党的前敌委员会，毛泽东任书记。改编后，在军队内部实行了民主制度，成立了士兵委员会，废除了烦琐礼节，实行经济公开，取消了雇佣制度，建立了崭新的官兵关系。三湾改编确立了党对军队的绝对领导，从组织上奠定了新型革命军队的基础。团部设在村西头宗家祠堂。现有毛泽东旧居、工农革命军第一军第一师第一团旧址、士兵委员会旧址。工农革命军练兵场旧址，陈列当年保留下来的珍贵革命文物。

才溪乡调查会会址

在福建上杭县才溪乡，是一幢砖木结构形式的二进平房。原系住房，1929年9月为才溪区工会办公地点。1930年，为纪念列宁诞生60周年，改名列宁堂。1933年11月下旬，毛泽东从江西来到才溪乡做社会调查，住在此屋的东厢房，并在上厅召开泥水、木匠、造纸、挑担工人的座谈会和工人代表、贫农代表及耕田队长的调查会。他通过调查研究，总结才溪乡人民的革命斗争经验，为即将召开的第二次全国工农代表大会做准备。随后，又写下了《才溪乡调查》，即《乡苏工作的模范——才溪乡》。现已复员陈列。其旁建有才溪乡革命纪念馆。

大成国王府遗址

在广西桂平市城镇中心小学所在地。现存有王府的石云阶和石狮子1对。1855年4月广东天地会首领陈开、李文茂率起义军4万余人，从广州撤围，乘船千艘进入广西，攻占浔州府（今桂平），建立大成国，年号洪德，改浔州为秀京。陈开称平浔王，分封李文茂为平靖王，梁培友为平东王，梁大昌为定北王。1861年8月，清军陷浔州，陈开被俘牺牲，余众继续斗争，1864年起义失败。

大柏地战斗旧址

在江西瑞金市城北30公里大柏地、杏坑村一带。是瑞金通往宁都必经之地，四面环山，地形险要。1929年2月10日至11日，毛泽东、朱德和陈毅亲自部署和指挥红四军，在此消灭了尾追之敌刘士毅部，俘虏团长萧致平、钟桓以下800余人，缴枪800余支，为红四军进到赣南闽西以来的首次大捷。当时杏坑村一带战斗最激烈，房屋的墙壁上留下很多弹痕。毛泽东《菩萨蛮·大柏地》词中写有："当年鏖战急，弹洞前村壁。装点此关山，今朝更好看。"1968年，杏坑改名前村。现开放的弹洞壁，是村前刘尔津的一栋有100余年历史的民房，当年战斗中留下的弹洞今仍清晰可见。

大通师范学堂旧址

在浙江绍兴市胜利路141号。校址原为贡院，清代改为官仓。1905年8月，徐锡麟、陶成章等为联络同志，隐蔽革命力量，培养军事干部而创立。又借提倡军事体操，在校内置办武器。学生来自诸暨、东阳、永康、缙云等地的光复会骨干，因而成为当时光复会在浙江的活动中心。1906年冬由秋瑾接办。

为筹备皖浙两省起义，她加强校内军事训练，并在此组织光复军。1907年7月6日，徐锡麟在安庆起义失败，13日大通学堂被围。秋瑾指挥学生应战，不幸在第一进东首一幢第三间（当时的会议室）被捕。学校也被清政府封闭。1911年后，在原校礼堂后辟徐公祠，纪念徐锡麟烈士。祠内壁上嵌有蔡元培撰书的徐烈士祠堂碑记。1982年主体建筑按原貌修复。

工农革命军第一军第一师师部旧址

在江西修水县城原商会办公楼。前后两进，中间有天井，两边有厢房。1927年9月上旬，以红军将领卢德铭为总指挥的工农革命军第一军第一师（秋收起义部队的主力）师部驻址。革命红旗，首先飘扬在此。新中国成立后，旧址进行了维修。1977年9月，为纪念秋收起义50周年，在师部旧址附近建有秋收起义纪念馆。

万木草堂旧址

位于广州市中山四路长兴里邱氏书院，为近代思想家康有为在广州讲学之处。清光绪十七年（1891年），康有为应弟子陈礼吉、梁启超之请，在此开堂讲学，宣传托古改制，变法维新。其讲稿后改写成《新学伪经考》和《孔子改制考》。总面积2000平方米，主体建筑三进三间，一进是出入大门之处，二进大厅是挂有金字大匾的"崇经堂"，和后进大厅同是讲学的地方。环西、南、北三面为10多间廊屋，为学员和邱氏姓族人的住所。草堂活动历时8年。邱氏书院是第一个遗址。草堂三易其址，光绪十八年（1892年）迁至卫边街邝氏祠，次年冬又迁至府学宫仰高祠，光绪二十四年（1898年）遭清廷查封。今长兴里旧址，仅存门前"邱氏书院"石额。

万卷楼遗址

在四川南充市城西1公里的果山上。《南充府志》载："郡西二里许有甘露寺，寺中有晋著作郎陈寿万卷楼，传为陈寿读书处。"陈寿（233—297年），字承祚，巴西安汉（今四川南充北）人，魏晋间史学家。初事蜀汉，后仕魏，为平阳侯相、著作郎、治书侍御史等。晋太康间，撰《三国志》65篇，被誉为"良史"。又有《蜀相诸葛亮集》《古国志》《益都耆旧传》等。万卷楼建于唐以前，唐时增建甘露寺。原楼为倚岩而建的三重楼，第一层石壁上镌刻历代文人题咏；第二层珍藏有关陈寿的文物书籍；第三层供奉陈寿塑像。1967年被毁，现仅存部分石刻和楼前1棵大榕树。

上梅暴动旧址

在福建崇安县城东南的下阳乡上梅村。1927年7月，在南京求学的崇安籍共产党员徐履峻，受党组织派遣，以教书为名回崇安建立中共特别支部。1928年9月10日，在上梅成立暴动指挥部"民众局"。9月28日，发动首次暴动，因敌人反扑而失败，徐履峻英勇牺牲。1929年1月29日，陈耿、杨峻德在此发动第二次暴动，攻占乡镇，打土豪，开仓分粮，暴动取得胜利。不久，暴动队伍上山开展游击战争。1930年5月1日，共产党在上梅召开崇安县第一次工农兵代表大会，成立闽北第一个县级苏维埃政权——崇安县苏维埃政府。上梅成为闽北早期革命活动的中心。

义和团吕祖堂坛口遗址

在天津市红桥区如意庵大街何家胡同18号。原为清代供奉仙人吕洞宾的道教庙宇。建于1719年，乾隆和道光年间重修。主要建筑有山门、前殿、后殿和五仙堂。1900年，义和团运动在天津兴起，著名的乾字团首领曹福回率师来津，在此设总坛口，其他首领张德成、刘呈祥及"红灯照"首领林黑儿等经常到此"拜坛"共商机宜，领导、指挥义和团抗击八国联军的斗争。院中空场为团民练拳习武之所，是现存较好的义和团总坛口遗址。已被国务院列为全国重点文物保护单位。

广州公社旧址

　　即广州苏维埃政府旧址。在广东广州市起义路广州市公安局大院。1927年国民党反动派叛变革命后,是年12月11日,在共产党员张太雷、苏兆征、叶挺、叶剑英,以及周文雍、聂荣臻等领导下,发起了以工人赤卫队和教导团为主力的广州起义,占领了大部分市区,建立了3天的人民政权,后因力量悬殊而失败。起义中诞生的广州苏维埃政府旧址,现存大门,北、中、南三座办公楼和拘留所。中楼是苏维埃政府会议室、办公室和工人赤卫队总部。北楼是军事指挥部,南楼是办公室、苏维埃政府警卫连连部和发放武器、袖章、宣传品的地方。1956年起,在旧址内设有广州起义史料陈列室。

广州农民运动讲习所旧址

　　在广东广州市中山四路42号。原为番禺学宫。该所创办于 1924 年 7 月。一二期所址在广州市越秀南路惠州会馆，三至五期在东皋大道原一号。1926 年 5 至 9 月，毛泽东在这里举办第六期农民运动讲习所。一至五期主任为彭湃、罗绮园、阮啸仙、谭植棠。第六期改主任为所长，毛泽东为所长，萧楚女任教务长，教员有周恩来、彭湃、恽代英、阮啸仙、张秋人、赵自选、周其鉴、安体诚等，讲授有关农民运动的各种课程，还进行军事训练和到农村实习。旧址是学宫，在棂星门前加建木岗亭，大成门以木板间隔，分为值星室、教务部和庶务部，东耳房是毛泽东办公室，西耳房为图书室，大成殿作课堂，后面的崇圣殿作膳堂，东侧房为军事训练部，东西两庑为学员宿舍。它是第一次国共合作时培养农运干部的学校，对中国革命做出了很大贡献。旧址于新中国成立后修缮复原，辟为纪念馆。

广东东江各属行政委员会公署旧址

在广东汕头市外马路 90 号。原是清末爱国人士丘逢甲兴办的同文书院，民国以后建为岭东甲种商业学校。1925年11月，国民革命军第二次东征平定粤东军阀割据，当时东征军政治部主任周恩来受任为广东东江各属行政委员，主持惠阳、潮汕、梅县三个地区的行政工作。1926年2月1日，周恩来宣布就职。后在此召开东江各属行政会议，拟就各种工作方案，联系进步人士，整顿粤东政治，促进了工农革命运动的开展。

广西东兰第一届农民运动讲习所旧址

在广西东兰县南武篆巴学乡列宁岩（原名北帝岩）。岩口离地面27米，口高40米，宽64米，深120米，平坦宽敞，能容千余人。1978年按农讲所布置复原。洞中央为课堂，两边为宿舍，后面是教员宿舍和厨房。课桌、凳、床铺、间墙全用竹材做成。1925年，右江农民运动领导人韦拔群，从广州农民运动讲习所学习回来，在此创办广西东兰第一届农民运动讲习所，培养农民运动骨干。韦拔群任主任，陈伯明任管理员，黄大权、黄树林、邓无畏等为教员。农讲所基本按照广州农讲所设置的课程进行教学。学员来自右江的东兰、凤山、百色、凌云、奉议（今田阳）恩隆（今田东）、果德（今平果）、都安、河池、南丹等县的汉族、壮族、瑶族等民族青年276人。学习结束，各回原籍工作，后来很多成为当地农民运动的骨干，有力推动了右江农民运动的发展。

马炮营起义会议旧址

在安徽安庆市西北隅杨家塘边叶氏会馆。原为各地考生来安庆参加科举考试下榻处所。清光绪三十四年（1908年）十月二十六日下午，清安庆新军中的革命党人，趁南洋各镇新军在安徽太湖县举行会操，光绪皇帝和慈禧太后相继去世之机，于此举行紧急会议，决定当晚起义，公推炮营队官熊成基为安庆革命军总司令，并发布作战密令十三条。是晚九时，驻在玉虹门和东门外的马营、炮营同时攻城，由于城内步营未及时接应，加之安徽巡抚朱家宝的残酷镇压，起义失败。史称安庆马炮营起义。亦称熊成基起义。现存砖瓦结构的四合平房八间，门额"叶氏会馆"四个字仍隐约可见。

马陵古战场遗址

在山东莘县西南大张村附近。南濒金堤河，东、西、北均为开阔地带。传此处原有两座土丘，其间一条狭窄崎岖的通道淹没在古木丛林中，地势十分险要。此即文献所载："马陵道"，为战国时期自魏至齐必经之路，著名的齐魏马陵之战就发生在此。公元前342年，魏攻韩，韩求救于齐，齐以田忌为将，孙膑为军师，率军攻魏。次年，魏以太子申和大将庞涓带兵10万迎战齐军。孙膑以减灶诱敌之计迷惑魏军。庞涓遂率兵追至马陵，埋伏在此的齐军万弩齐发，全歼魏军。庞涓自杀，太子申被俘。关于马陵的位置，古今论者颇有分歧。一说在今河北省大名东南，一说在河南范县西南，即今莘县西南。

王锡桐起义遗址

在浙江宁海县城城隍庙，是王锡桐起义的指挥部和宿营地。王锡桐（1860—?），浙江宁海县北乡大里村人，自幼刻苦攻读，长期在乡里教书，为人富于正义感和爱国心。1903年，他领导宁海人民举行反天主教起义，于8月13日攻入宁海县城，烧毁教堂，处死作恶多端的神父朱国光。遗址建筑共分4间，前为五凤楼；后为前殿；两侧有厢房；正前方是戏台；最后为后宫。除大殿前部为后来增建外，大部分是当年的建筑。

王家坪革命旧址

在陕西延安城西北约4公里处，隔延河与城相望。这里是抗日战争时期中共中央军事委员会和红军（后为八路军、中国人民解放军）总司令部1937年1月到1947年3月的所在地。毛泽东、朱德、彭德怀、叶剑英、王稼祥等曾居此。1947年3月18日，胡宗南军队侵犯延安前夕，军委及总部由此撤退，转战陕北。这里的建筑物大部分是1939年动工修建的，后连年扩充，共计土窑洞137孔，房子210间，石窑洞9孔。旧址分南北两院。南院为政治部，北院是司令部。南院有砖木结构的军委礼堂和毛泽东、王稼祥等的故居。北院有军委会议室和朱德、彭德怀的故居。北面山坡上的院子是参谋部和叶剑英故居。原旧址的东南处有一个桃园、八路军总部到此后辟为桃林公园，园内曾有机关合作社，还有篮球场、养鱼池、小凉亭等。中央军委及毛泽东同志在这里领导解放区军民彻底粉碎了国民党反动派的全面进攻。

云南陆军讲武堂旧址

在云南昆明市翠湖西承华圃（今农业展览馆及图书馆范围内），讲武堂创办于1909年，至1928年共办19期，学员达4000余人。每期一年半至二年，分步、骑、炮、工4个兵科。在日本参加同盟会回昆的革命党人李根源先任教育长后任校长，顾品珍、李鸿祥、唐继尧、罗佩金担任教官。第15期还收有归国华侨和外国留学生。今保存的讲武堂主楼为走马转角楼式的二层砖木建筑，东南西北四楼各约长120米，宽10米，高12米，各楼对称衔接，成一方形四合院；南楼中部的阅操楼约高 15 米，宽 13 米。昔日大操场，新中国成立后已建成为省展览馆和图书馆，原办公室、教室、宿舍、内操场组成之四合院大楼及楼前检阅台仍保留完好。清王朝创办讲武堂目的在于扑灭孙中山领导的民族民主革命，但教官与学生中有不少是同盟会会员，使该校成了当时云南革命力量的重要据点，在推翻清王朝统治的云南辛亥革命起义和粉碎袁世凯复辟帝制的护国运动中，起了较大的作用。历届毕业生中，有些后来成为杰出的无产阶级革命将领，如第 3 期（特别班）的朱德和第 15 期的叶剑英等。

木门会议旧址

位于四川省旺苍县木门寺。1933 年，红四方面军总指挥徐向前，在这里主持召开了著名的"木门军事会议"。1984 年木门寺被列为重点革命文物。1987 年 10 月，徐向前元帅为木门会议旧址题写了"木门会议会址"匾额。

中央大礼堂旧址

在陕西延安杨家岭革命旧址的山沟南岸。1942年为召开中国共产党第七次全国代表大会，中共中央机关工作人员协助民工在被焚烧的小礼堂基地上，用当地烧制的砖石砌成的二层小楼。礼堂分正厅、舞厅、休息室三个部分。1945年4月在此召开了具有伟大意义的中国共产党第七次全国代表大会，所以又称"七大会址"。在此之前，中共中央在此招待出席陕甘宁边区劳模大会的全体代表，1944年11月在此接见了八路军三五九旅南下支队全体干部。1946年11月30日，中共中央在此为朱德举行六十寿辰祝寿活动。1959年按照"中国共产党第七次全国代表大会"会场的布置形式恢复原状，正厅中央悬挂党旗和毛泽东、朱德的侧身画像，其上方并排卷挂马、恩、列、斯像。主席台前横挂大幅标语："在毛泽东的旗帜下胜利前进。"

中央军委礼堂旧址

在陕西延安王家坪革命旧址内。系 1943 年建成的原建筑物。礼堂为长方形的 8 间大平房。先为草顶，后改瓦顶，面积近 400 平方米。礼堂内两边各有 6 个大木柱，设有舞台，大厅内置长木排椅，即是军委和总部机关的会场，又常供文艺演出、放映电影、招待中外客人之用。1943 年 12 月，八路军总部在此举行了欢迎劳动英雄大会。1945 年 8 月，军委和总部在此举行庆祝抗战胜利大会。

中央军事委员会会议室旧址

在陕西延安王家坪革命旧址总参谋部院内。为一座 3 间平房。中央军委、总参谋部经常在此开会，研究军事问题，或接待中外客人。1944 年 11 月，美国驻华大使赫尔利，首次飞抵延安，在军委会议室举行了"中美关于国共国事会谈前签字会"。1945年，中共代表、国民党代表和美国驻华大使赫尔利，又在此举行了国共会议准备会和签字仪式。会议室中的长条桌由3个方桌拼成，周围放有8把椅子和长凳，还有土制沙发，是王家坪院内保存完好的纪念建筑之一。

中央工农民主革命政府旧址

在江西瑞金市叶坪村。原系谢氏祠堂，前后三进。1931年11月，中国共产党苏区第一次代表大会及中华苏维埃第一次全国工农兵代表大会均在此召开，成立中央工农民主政府。选举毛泽东、周恩来、朱德等63人为中华苏维埃共和国中央执行委员会委员，毛泽东为主席，朱德为红军总司令。大会闭幕后，此处作为中央工农民主政府总办公厅，左右两边为各部部长办公室兼宿舍。

中央农民运动讲习所旧址

在湖北武汉市武昌黉巷一个宽敞的院落里。自前至后有4

栋旧式房屋。原是清末张之洞创办的北路学堂，后为湖北省甲种商业学校。1927年1月，国民政府由广州北迁武汉后，在毛泽东的积极倡导和主持下，于同年3月在此举办中央农民运动讲习所。该所学生来自湖南、湖北、江西等10余省，共800余人，毕业后多分配到各地担任农民运动的组织领导工作，毛泽东除负责领导事务外，还担任一些主要课程的讲授，并曾向学生演讲《湖南农民运动考察报告》。在此授课的还有瞿秋白、恽代英、彭湃、张太雷、方志敏、李立三和邓演达等。旧址已辟为纪念馆，当年的办公室、教室、学生寝室、膳堂、讲台、操场均恢复原貌，并增辟史料陈列室。院内种植花木，场地绿草如茵，环境开朗明丽，门上匾额，系周恩来亲笔题字。

中央红军总部驻地旧址

在云南寻甸回族彝族自治县丹桂村，南距昆明市80余公里。1935年4月底，中央红军长征到此，总部驻扎在一幢三合一照壁式的二层楼民房里。毛泽东、周恩来、朱德、刘伯承等在此部署抢渡金沙江的作战计划。驻地附近清真寺墙上，尚保存着当年宣传党的政策的大标语："红军绝对保护回家工农群众利益。"新中国成立后修复旧址，并辟为红军长征纪念馆。

中央革命军事委员会旧址

位于江西瑞金西部乌石垅。中央革命军事委员会于1931年11月成立于瑞金洋溪村，1933年4月军委机关迁驻乌石垅后，就驻在这幢祠厅里，当时住在这里的有朱德、周恩来、叶剑英、刘伯承和康克清等同志。军委机关迁来初期，祠厅背后没有其他房子，后来因人员渐多，房子不够住，就在这幢房子背后增盖了一间土坯房和一间草棚。草棚是当时军委的印刷所。1934年7月，中央革命军事委员会机关又迁至瑞金云石山。红军主力长征后，乌石垅的军委机关办公室、会议室、厨房、印刷所大部分被敌人拆毁，1953年按原貌修复。

中共中央党校旧址

在陕西延安城北2.5公里的小沟坪，今延安师范学校所在地。中央党校初名为"马克思共产主义大学"，1933年成立于江西瑞金，1935年冬在陕北瓦窑堡（今子长县）改今名。曾迁保安县（今志丹县）任家坪（1936年）和延安城东桥儿沟（1937年），1940年迁小沟坪。学员们自己动手，挖窑洞100余孔，并建成一座120平方米的平屋假楼式礼堂，可容千余人。1942年2月1日，中央党校在小沟坪小礼堂举行了开学典礼。1943年，又建了一座可容两千余人的大礼堂。平面丁字形，总面积1100多平方米，毛泽东题"实事求是"4个大字，嵌在礼堂正面的墙壁上，成为党校的座右铭和办校的宗旨。现旧址存有"实事求是"4个字的石刻和校部的11孔石砌窑洞、石阶台、水进、哨楼、小围墙等。

中共中央政治局旧址

在江西瑞金沙洲坝的下霄村。是一砖木结构瓦房，前后两进，均有厢房。1933年中共临时中央从上海来瑞金后，博古（秦邦宪）等在此居住和办公。

中共中央办公楼旧址

在陕西延安杨家岭革命旧址中央大礼堂对面。1939年修建，1941年落成。因造型像飞机，故亦称"飞机楼"。高三层，木窗狭长形。在主楼的二层和三层分别有一石拱桥和一木桥通向沟南岸的住窑处。第一层两边的大房子是中共中央办公厅会议室，也是中央首长的饭厅。1942年5月在此召开了"延安文艺座谈会"。东边的大房子原是作战研究室，后为中央图书馆。第二层是办公室、会议室。任弼时、李富春、王首道、王若飞等在这里工作。第三层是中央政治局会议室，1945年4

月20日，中共中央扩大的六届七中全会在这里讨论，并通过了《关于若干历史问题的决议》。办公楼前的广场是活动的场所。

中共中央北方局旧址

在山西武乡县五家峪。1989年8月修复开放。杨尚昆为旧址题写了门匾。北方局是抗日战争时期党中央的派出机关，刘少奇、杨尚昆、彭德怀、邓小平先后任北方局书记。北方局旧址，复原了原北方局书记杨尚昆同志旧居和北方局机关办公室，利用附属建筑举办了《抗日战争时期的中共中央北方局》专题陈列馆，通过珍贵的历史照片和革命文物，再现了北方局在此领导华北地方党，配合八路军总部和一二九师，坚定地执行党的放手发展与深入巩固的方针，开辟与创建华北敌后抗日根据地的伟大革命实践和不朽的历史功绩。

中共中央东南局旧址

在安徽泾县云岭山麓丁家山村。1938年1月，新四军建立同时，中共中央成立东南分局，项英任书记。1938年10月，中共六届六中全会决议改东南分局为东南局。除领导新四军内党的工作外，还通过皖南、苏南等几个特委，加强对地方党活动的领导。旧址为面北坐南、砖墙瓦顶的两进普通民房。皖南特委同时设此。

中共中央负责人遵义寓所旧址

在贵州遵义新城古式巷，是一幢一楼一底的20世纪30年代洋房，距遵义会议会址1公里。1935年1月上旬，中国工农红军第一方面军占领遵义城，中共中央的部分负责人在这里住宿和办公。楼上三间自左至右是毛泽东、张闻天、王稼祥的住室，楼下右边一间是博古的住室，其他几间住医务人员和警卫人员。1964年由遵义会议纪念馆进行复原布置，并对外开放。

中共中央书记处小礼堂旧址

在陕西延安枣园革命旧址内。1944年建，为丁字形砖木结构，是延安最好的建筑之一。前部为餐厅，后部为中共中央书记处会议室，也是俱乐部。会议室内的长条桌由10个方桌拼成，周围置有长条椅和木凳。室内宽敞明亮，庄重大方。中共中央曾在此召开过许多重要会议。

中共中央鄂豫皖分局旧址

在河南新县城内，属大别山区。周围群山环抱，山清水秀，风景怡人。第二次国内革命战争时期，这里是鄂豫皖革命根据地的首府。1931年红军攻占新集（今新县县城）后，鄂东、豫南、皖西三个根据地连成一片，这里成了鄂豫皖革命根据地政治、经济、文化的中心。中共鄂豫皖中央分局、省委、鄂豫皖军事委员会和省苏维埃政府,省革命法庭等领导机关均设此。中国工农红军第一架飞机"列宁号"也在此诞生。现存有鄂豫皖特区苏维埃航空局旧址。

中共湘赣省委旧址

在江西永新县城禾川镇民主街萧家祠。前后两进,有10多间青砖瓦房,房前为禾川河。1931年夏,赣西和湘东南特委合并组成湘赣省委,领导江西莲花、宁冈、永新三县和泰和、遂川、万安、吉安等县的一部分,以及湖南茶陵、攸县的一部分。首任书记王首道,1933年5月后由任弼时担任,王震、萧克等都在这里工作和居住过。

中共湘鄂赣省委旧址

在江西万载县仙源镇的陈家屋内。1932年4月12日,中共湘鄂赣省委机关从修水上杉移此。6月,国民党反动派对苏区三次"围剿"失败后,又调4个师1个独立旅,向赣西北苏区发动了第四次"围剿"。9月,省委在此召开了全省第二次党代会。会后,傅秋涛、江渭清等指挥红军在万载株木桥给敌以毁灭性打击,消灭敌军600多人,取得了第四次反"围剿"的胜利。现旧址按原貌保护,1980年曾维修过,陈列了部分革命文物。

中共湘区委员会旧址

在湖南长沙市小吴门外清水塘22号。原是几间简朴的农舍,周围是菜圃、瓜棚、小径,非常僻静。因门前有清澈的大水塘,故名。1921年毛泽东和何叔衡出席中国共产党第一次代表大会后,于10月10日成立中共湖南支部。1922年5月前后,建立了中共湘区委员会,毛泽东任书记,何叔衡等为领导成员,区委机关设此。1921年冬至1923年4月,毛泽东和杨开慧曾居于此。刘少奇、李立三、李维汉等都曾来此开展湘区的革命斗争。1923年4月,毛泽东去上海参加党中央的领导工作，湘区委员会由李维汉接任书记。旧址为青瓦平房，砖木结构，面积118.1平方米，坐北朝南，前临清水塘。中间为堂屋，两侧为住房。共6间，前有围墙庭院，后有杂屋竹林。1951年后，几经维修，逐步恢复了室内陈设。1969年复原周围环境。旧址东侧建有"毛主席创建的中国共产党湘区委员会旧址陈列馆"。

中共豫陕区党委旧址

在河南开封市内西大街三号。1924年，国民二军军长胡景翼任河南督办，胡倾向革命，开封革命力量得以发展。1925年4至5月间，李大钊曾来开封指导工作，并向中共中央报告河南革命进展情况。党中央遂决定成立中共豫陕区委，派王若飞为书记。8月又派萧楚女赴汴负责中共豫陕区委和共青团区委的工作。中共豫陕区党委机关即设在临街的楼房里，萧楚女经常在楼上办公，并编辑《中州评论》。楼房至今保持原貌。

中共闽浙赣省委旧址

在江西横峰县葛源镇枫树坞村。是一栋大型民房，省委书记方志敏在此办公和居住。1932年，由于赣东北革命根据地的不断发展，党中央批准赣东北省为闽浙赣省，省委机关由原来葛源镇迁往枫树坞。省苏维埃政府、军区司令部、省团委、保卫局、财政部、采办处、闽浙赣报社、印刷厂、党校、团校等都设于此，成为闽浙赣省的革命中心。至今房子墙上仍保留着当年的标语。

中共浙东区委旧址

在浙江余姚市梁弄镇横堪头。中国共产党浙东区委员会1942年7月（一说8月）成立于三北，下辖三北、四明、会稽、浦东四区的地委，统一领导浙东地区的党、政、军工作。1943年4月下旬进驻梁弄。旧址是一木构旧式民房，有正屋9

间，厢房 4 间。新四军浙东游击纵队司令部，第一次浙东人民代表大会、鲁迅学院浙东分校等旧址亦在梁弄附近。旧址经修复后对外开放。

中共鄂豫皖区委会旧址

在安徽金寨县花石附近的汪家老屋。1938 年冬，中共鄂豫皖区委会在此成立，1938 年冬至 1939 年夏中共鄂豫皖区委会机关驻于此，曾在这里举办训练班，培训大批干部，领导了鄂豫皖地区的革命斗争。此处又为新四军四支部留守处，外称 100 号兵站。今设有革命文物陈列室。

中共满洲省委机关旧址

在黑龙江哈尔滨市南岗区光芒街 23 号（原小戎街 2 号）。俄式建筑。1933 年夏，中共满洲省委机关设于此。同年 11 月省委机关迁走，改为省委秘书处，是省委秘书长冯仲云的家。

他以大学教授的身份作掩护,成为当时中国共产党领导东北人民进行抗日斗争的"总指挥部"和"文库"。1934年夏,因其他机关遭到破坏而转移。

中共湖南省工作委员会旧址

在湖南长沙市北区熙宁街三角塘28号。是抗日战争胜利后中共湖南省工作委员会在长沙的秘密据点。是一栋板壁构成的两层楼房,坐西朝东。上下正房各两间。楼上东向有木栏走廊,楼下有内房和厨房各1间,登楼有板梯,门面以缝纫铺作掩护。28号和29号之间,楼上地下都有侧门相通。当时一般不走28号前门出入,而走29号侧门,并设有暗号。旧址现保存完好。

中共桂林市城市工作委员会旧址

在广西桂林市东郊江东村,距城约1公里。为木结构一进三开间瓦房。城工委是中国共产党于1947年至1949年在此设立的党委机关。市城工委书记陈光等以熬盐、磨豆腐作掩护，进行革命活动。曾在此举办干部训练班，召开全省城市工作干部会议，大规模地开展工运、学运，筹集物资，输送人才，支持桂林北地区中国共产党领导下的武装斗争，为配合中国人民解放军解放广西和桂林做出贡献。

中华工会办公旧址

在江苏南京浦镇浴堂街34号。这里本是一个新开的浴堂。1921年，以王荷波为会长的中华工会包租下来，作为工会办公地点和工人福利机构。外两间为办公室，中间为浴池。1922年6月，王荷波在北京加入中国共产党，7月回宁（南京简称）发展党员。1923年1月，浦厂工人和城内大学生计20余人在此宣誓加入中国共产党，同时发展了一些共青团员。1923年京汉铁路大罢工时，王荷波发动声援京汉铁路工人，并设指挥部于此。2月7日，港务段首先罢工，将所有船只开到江北，使长江南北交通断绝，接着车房罢工，火车停运，当时直奉战争正激烈，军阀急于调兵增援，遂收买工贼开车。王荷波率1000余名工人群众卧轨阻止火车北上，并将机车拆散，有力地声援了京汉铁路工人的罢工斗争。现作为津浦铁路工人二七大罢工纪念馆。

中华全国总工会旧址（广东广州）

在广东广州市越秀南路93号。1925年5月，在中国共产党领导下，第二次全国劳动大会在广州召开，决定成立中华全国总工会，选举林伟民、刘少奇为正副委员长，苏兆征、邓中夏、李立三、李森等25人为执行委员。全总成立后领导全国工人阶级，大力发展工会组织，统一广东、香港的工人运动，举行了反帝国主义的上海五卅大罢工和省港大罢工，支援统一广东革命根据地的斗争与北伐战争。1927年1月，全总北迁汉口，这里改为全总驻广州办事处，同年4月被封闭。旧址为三层楼房，一楼是广州工代会礼堂和办公室，二三楼是全总礼堂和办公室。1926年在楼前建立了花岗石的工农运动死难烈士纪念碑和廖仲恺先生纪念碑。1958年经修缮复原,辟为纪念馆。

中华全国总工会旧址(江西瑞金)

在江西瑞金沙州坝棘子排。是一土木结构瓦房。与中央临时政府隔岗相望,相距约2公里。中华全国总工会苦力委员会、手工业工人委员会和国家临时工人工会委员会等机构设此。中华全国总工会执行局委员长刘少奇也在此居住和办公。

中华民国临时政府参议院旧址

在江苏南京市湖南路10号。建于清光绪二十六年(1900年),1911年辛亥革命中,宣布起义的十几个省的代表,于12月10日起聚集于此,商讨组织临时中央政府。12月29日推选孙中山为临时大总统,并宣布改国号为中华民国,确定1912年为中华民国元年。孙中山就任临时大总统后,这里为中华民国临时政府参议院。国民党四届六中全会开幕典礼上汪精卫在此被孙凤鸣刺伤。旧址现保存完好。

中国人民抗日军政大学旧址

在陕西延安城内二道街，原府衙门。该校1936年6月1日在瓦窑堡（今子长县）创立，当时叫"中国人民抗日红军大学"，后迁保安（今志丹县），1937年初迁到延安，先住城内小东门，后迁东关刘万家沟。同年1月21日迁现址，改名为"中国人民抗日军政大学"，简称"抗大"，先后培训学生29072人。抗大的宗旨是："提高八路军干部军事、政治水平，为各抗日根据地培养军事、政治干部。"党中央、毛泽东十分重视抗大工作，为抗大规定了"坚定正确的政治方向，艰苦朴素的工作作风，灵活机动的战略战术"的教育方针和"团结、紧张、严肃、活泼"的校风。毛泽东的《实践论》《矛盾论》报告就是在这里做的。旧址现存大门等部分建筑。

中国工农红军总政治部旧址

在江西瑞金沙洲坝白屋子。和中央政府相距约 1 公里，是一栋砖木结构的农村民房。1933 年 4 月，红军总政治部从叶坪迁此，中央军委副主席兼总政治部主任王稼祥和军委机关报《红星报》主编邓小平在此办公和居住。

中国工农红军第四军军部旧址

在江西龙江河畔的后街。原是一家中药铺，分前后两进，前进是卖药柜台，右边厢房是门诊间，中间为天井；后进是木质结构的两层楼房，有 10 多个房间。井冈山会师后，中国工农红军第四军军部设此。党代表毛泽东、军长朱德、政治部主任陈毅、参谋长王尔琢都在后楼办公和居住。楼下是军部工作人员和警卫人员住所。

中国工农红军第七军军部旧址

在广西百色市区的粤东会馆和清风楼。粤东会馆是一座三进两廊、砖木结构、建筑坚固的平房。1978年复原参谋处、副官处和经理处的布置，举办辅助陈列，展出百色起义红七军的文物资料。清风楼是一座砖木结构三层小楼房，一楼墙上保存有当年写的标语。1929年夏，中共中央派邓小平、张云逸等到广西领导革命。10月，邓小平、张云逸率领广西警备第四大队和广西教导总队到右江，同韦拔群领导的农民武装会合。在百色、平马、那坡等地，消灭了熊镐等反动武装。12月11日在粤东会馆门前广场会集，宣布百色起义，成立中国工农红军第七军。

中国工农红军第八军司令部旧址

在广西龙州县新街，是一座两层楼房。龙州是左江上游的政治、经济、文化中心。1930年2月1日,中共广西党组织在龙州新填地广场举行群众大会,宣布龙州武装起义,成立中国工农红军第八军和左江革命委员会,俞作豫任军长,邓小平任政委(兼),李明瑞为红七、红八军总指挥,王逸为革命委员会主席,何世昌、何建南、麦锦汉等为委员。形成了包括龙州、上金、宁明、明红、思乐、崇善、左县、雷平、养利、凭祥等县在左江革命根据地。1978年在此展出龙州起义的文物资料。

中国共产党第一次全国代表大会会址(上海)

在上海卢湾区兴业路76号(原望志路106号)。1921年7月23日至31日,各地的共产党早期组织派李达、毛泽东、董必武、何叔衡、陈潭秋、王尽美、邓思铭、李汉俊(后脱党)、刘仁静(后为托派)、张国焘(后叛变)、陈公博(后被开除出党,抗战时为汉奸)、周佛海(后脱党,抗战时为汉奸),陈独秀指派包惠僧(后脱党)参加,代表全国50多名党员,在此举行中国共产党第一次全国代表大会。会场在楼下客厅内，中间安放一张会议桌，座位各人并不固定，代表们在此报告工作情况，讨论党纲和今后实际工作。会议因受法租界巡捕房暗探的干扰，代表们移至浙江嘉兴，最后一天会议在南湖一艘游船上继续举行，通过党纲和关于党的工作任务的决议，选举中央领导机构，宣告了中国共产党成立。会址是一幢一上一下的石库门房屋，新中国成立后经修缮复原，辟为纪念馆。为纪念中国共产党成立70周年，上海一大会址纪念馆修葺一新，重新对外开放。有些资料首次与观众见面。这里增添了8份珍贵文献和资料、图片资料，其中有李大钊1921年发表的《社会主义实业》，陈独秀1921年7月发表的《政治改造和政党改造》等著述。

中国共产党第一次代表大会会址（浙江嘉兴）

在浙江省嘉兴市南湖。1921年7月，中共第一次全国代表大会在上海开会期间因受法租界巡捕房暗探的干扰，遂转移到嘉兴南湖一船上继续举行。会议通过党纲和关于党的工作任务的决议，选举中央领导机构，宣告中国共产党成立。滨湖心岛东南岸，今泊有仿制的革命的纪念船一艘。船长16米，宽3米，是一只单夹层丝网船。中舱放一方桌，桌上摆设茶具；前舱搭有凉棚；后舱设有床榻，船尾置有菜橱、炉灶等物。船后系一小船，为当时进城购物所用。

中国共产党广东区委会旧址

又称粤区委、两广区委。在广东广州市文明路194、196、198、200号。1924年底，中共广东区委扩大后在此办公，领导广东、广西、福建西南部和对海外党的工作。直至1927年4月国民党反动派叛变时转入地下。当时区委书记为陈延年。周恩来、彭湃、阮啸仙、邓中夏、苏兆征、杨殷、张太雷、恽代英、萧楚女、蔡畅、邓颖超等都担任过区委各方面的领导职务。毛泽东也曾多次到这里参加会议。第一次国内革命战争时期，中共广东区委对建立革命统一战线、反对国民党右派、领导工农运动和省港大罢工、统一广东革命根据地、支援北伐战争等，都起过重要的作用。旧址是并排四幢式样划一的三层楼房，三楼是区委各部门的办公室及会议室，二楼是区团委的办公室及传达室、会客室。地下各间均为小商店。当年共产党人在这里指挥革命斗争。1961年修缮复原，并设有关于广东区委史料的陈列室。

中国共产党六届六中全会会址

在陕西延安城东郊桥儿沟。与鲁艺旧址联结一起。1938年9月29日至11月6日，中国共产党六届六中全会在此召开。会上，王稼祥传达了共产国际的指示。毛泽东同志做了《论新阶段》的政治报告和《统一战线中的独立自主问题》《战争和战略问题》的结论。全会通过了《中共中央扩大的六中全会政治决议案》。会议批准了以毛泽东为首的中央政治局对于抗日战争和抗日民族统一战线的正确路线，基本克服了以王明为代表的右倾投降主义的错误。会议决议撤销长江局和王明的长江局书记职务，成立中原局和南方局，将东南分局改为东南局。原会址始建于1934年，全部用青砂石砌成。外观3层，实为一高大厅堂，四周均为狭长的拱形门窗，颇为美观。建筑至今保存完好。

中国共产党代表团驻沪办事处旧址

亦称周公馆。在上海卢湾区思南路73号（原107号）。1946年5月根据《双十协定》，周恩来率领中共代表团前往南京，与国民党进行谈判。6月间，代表团在沪设立办事处，由于国民党的阻挠，对外只用周公馆的名义。和谈期间，周恩来曾4次来沪，都住在此处，并举行记者招待会，会见爱国民主人士。周公馆是一幢一底三楼花园洋房，底层有警卫室等，一楼是会客室，二楼、三楼是办公室和工作人员宿舍。周恩来的办公室兼卧室原在一楼，后迁上三楼。当年周公馆周围，都有周公馆的监视哨，代表们是在艰苦的环境中进行工作。由于国民党发动全面内战，代表团于1947年3月被迫撤回延安。1980

年修葺复原，辟为纪念馆。

中国共产党湘赣边界第一次党代表会旧址

位于江西井冈山北麓茨坪村谢氏慎公祠内。1928年4月28日，朱德、陈毅等率南昌起义后保存下来的一部分部队和湘南起义中的红军到达井冈山，与毛泽东的部队会合后，为了统一湘赣边界党的领导和发展边界的革命斗争，同年5月20日，在宁冈茅坪召开了中国共产党湘赣边界第一次代表大会。毛泽东主持了这次大会，并在会上做了重要讲话，分析了中国革命的形势，回答了"红旗到底打得多久"的疑问。会上讨论并提出了发展党的组织、深入土地革命、巩固和扩大红军和革命根据地等项任务。大会选出了湘赣边界特委委员23人，组成了湘赣边界地方党的最高领导机关——中共湘赣边界特委，毛泽东任书记。这次会议有力地促进了井冈山根据地的发展。会场朴素庄严，大厅正中挂着中国共产党党旗，党旗下有马克思和列宁的素描铅笔画像。会场后边有一个小天井，天井之后有一幢两层楼房，这就是著名的八角楼。毛泽东同志住过的房间就在楼上，这个房间只有一扇小窗户，窗外又是浓荫如盖的大樟树，房内光线不足，所以在房间正顶上开了一个八角形的"光斗"为天窗。因此，群众习惯把这幢楼叫作"八角楼"。在井冈山斗争时期，毛泽东同志经常在这里居住和办公，在一盏青油灯下写了《中国的红色政权为什么能够存在?》这篇历史性文献，为中国革命指明了正确的方向。

中国社会主义青年团中央机关旧址

在上海卢湾区淮海中路渔阳里6号。1920年8月，上海共产党发起组织领导建立中国社会主义青年团，团中央机关设此。为培养青年干部学习外语，阅读外文马克思主义著作并去国外学习，团中央在此创办"外国语学社"，教授俄、英、法文，教师有杨明斋夫妇、李汉俊、李达等。在此学习的有刘少奇、任弼时、罗亦农、萧劲光等。1921年1月后，他们又陆续赴莫斯科东方大学学习。旧址为一幢二上二下老式石库门房屋，楼下是教室，有课桌长凳。楼上厢房是刘少奇、任弼时等人的宿舍。客堂楼上是团中央办公处。在这幢房子里还有杨明斋办的华俄通讯社。上海最早的工会组织机器公会发起会也在此。

中国医科大学旧址

在陕西延安城东 10 公里柳树店村。原为红军卫生学校，1932 年 7 月 7 日创办于江西。随中国工农红军长征到陕北。1940 年 9 月改为八路军医科大学，又称中国医科大学。原有大礼堂 1 座，平房多间，周围山上有许多土窑洞，现存 11 孔石窑洞和 1 座石砌成的井字形手术室。

中美合作所集中营旧址

在四川重庆市沙坪坝歌乐山处，1943 年美国和国民党政权合办"中美特种技术合作所"（简称中美合作所），这是一个既替国民党训练和派遣特务，直接进行恐怖活动的特务机关，又是一个屠杀共产党员、进步人士的集中营。特区内有20余所牢狱，白公馆、渣滓洞即为其中最大两个。新四军军长叶挺曾囚禁于此。中共四川省委书记罗世文、中共川西特委军委员车耀先、抗日爱国将领杨虎城、黄显生和共产党人江竹筠、许晓轩等均先后于此被害。1949年11月，重庆解放前夕，国民党对囚禁在狱中的300多位革命志士，进行了集体大屠杀，制造了震惊中外的"一一·二七"大血案。新中国成立后修建了烈士墓和纪念碑，建立了重庆中美合作所集中营旧址展览馆。

少林寺遗址

又名镇国东禅寺。在福建泉州东门仁风街。建于唐乾符年间。据传为我国南派少林拳的发源地。寺于清初被毁。少林寺一名，曾见于明人撰述元代泉州事的《丽史》中。1966年前庙有"少林寺""少林古迹"等匾额和书有"敕赐镇国东禅少林寺"等字样供桌。该寺有关传说很多，闻名于武术界。现遗址尚存小庙一所。

毛泽东同志视察长春居住旧址

位于长春市人民大街 47 号，现中共吉林省委院内，是一座仿德式二层楼房，砖木结构，建筑面积 3249 平方米。该楼始建于 1933 年，为侵华日本关东军司令长官官邸；1945 年至 1948 年改为国民党新一军司令长官官邸；1948 年至 1955 年由中国人民解放军空军九航校使用；1956 年变为中共吉林省委 1 号招待所，现改为松苑宾馆。新中国成立后，毛泽东同志曾两次到长春视察工作，1958 年 2 月 23 日，毛泽东同志第一次到长春视察工作就住在 1 号招待所的 1 号房间。房间内陈设非常俭朴，毛泽东同志的临时办公室内安放一张写字台、一套沙发和一张茶几。当时他就是在这里与当地党政军负责同志谈话，批阅文件，商讨吉林省发展大计。现在办公室的墙上仍悬挂着毛泽东同志的亲笔手书"吉林日报""第一汽车制造厂奠基纪念"题词和起草的文章、社论等。办公室北侧为毛泽东同志卧室，卧室中安放着一张硬木床，床上有毛泽东同志使用的一套普通被褥和一个中国式长方花枕。毛泽东同志到长春后，生活非常俭朴，平时吃用大米、小米、地瓜掺在一起做成的粥。当时使用的餐具、办公用品及屋内的陈设品等仍在旧址内收藏。

凤凰山麓革命旧址

在陕西延安城内凤凰山脚下。1937年1月至1938年11月，党中央结束长征后由保安（今志丹县）来到这里，领导中国革命。这里有毛泽东、朱德、周恩来等同志的旧居和红军参谋部的旧址。在这里召开过政治局扩大会议、扩大的六届六中全会等许多党的重要会议，批判了张国焘在长征中另立中央、分裂红军的路线，批判和纠正了王明的右倾投降主义路线，制定了党在抗日民族统一战线中的独立自主原则和坚持持久战的一整套人民战争的战略战术，为夺取抗日战争的胜利奠定了基础。毛泽东同志在这里写有《实践论》《矛盾论》《论持久战》等许多重要文章。1937年10月和1938年4月毛泽东同志在这里接见了英国记者贝特兰和国际主义战士诺尔曼·白求恩。1938年11月20日，日本帝国主义飞机轰炸延安，党中央和毛泽东等同志由此迁往城外杨家岭。这里的建筑物，是借用群众的窑洞、房子。日本飞机轰炸时，大部分遭到破坏。1957年后，按原样陆续修复。

长门炮台遗址

在闽江入海口北岸，福建连江县长门电光山上。清代临江而筑，与南岸的金牌炮台成犄角之势。这里水深流急，在不到400米的峡角中，有南龟与北龟两岛对峙，入海处又有五虎礁峙立，"双龟锁口，五虎守门"，往来船只需经此进入琯头、马尾、福州，有"省府门户"之称，长门因之得名。清光绪十年秋（1884年）中法战争中，此炮台发炮命中法国侵略军旗舰，击伤敌酋孤拔等20人。1941年连江沦陷，铁炮被日军盗走。

现炮台遗址尚完整，占地约 8000 平方米，间设炮位及多孔射击口，内有战壕、坑道、水池，背面缓冲区有校场、阅兵台等设施。防护墙高约 6 米，厚 0.6 至 1 米，用花岗石砌基，糯米灰筑墙，易守难攻，历代为海防要地。

长冈乡调查会会址

在江西兴国县长冈乡列宁小学，离县城 4 公里。1933 年 11 月中旬，毛泽东为总结革命根据地政权建设的经验，率领中央工农民主政府检查团，从瑞金沙洲坝到兴国长冈和燕子窝徐家祠一带进行调查。后写出《乡苏工作的模范（一）——长冈乡》（即《长冈乡调查》）。1976 年，在旧址附近兴建长冈乡调查陈列馆。

长辛店二七革命遗址

位于北京市丰台区长辛店镇内。是一座简陋的小院。正房

3 间，南北各 2 间，为民国初年所建。1920 年 9 月，北京共产主义运动小组成立后，为组织工人运动，邓中夏等深入长辛店铁路工厂发动工人斗争。1921 年 1 月 1 日在县成立工人劳动补习学校，传播共产主义思想以唤醒工人大众，向资本家及反动统治者进行斗争。在这里造就了一大批工人运动的优秀骨干。史文彬就是其中最杰出的代表。1976 年查修后，将室内复原，并陈列展出。

长辛店劳动补习学校旧址

在北京市丰台区长辛店大街当铺口（现名祠堂口）1 号。为一座坐东朝西的三合院。劳动补习学校是李大钊派邓中夏以北京共产主义小组的名义，在长辛店创办的一所工人夜校。1921 年 1 月开学，分日夜班，日班为工人子弟，夜班为工人。设有常驻教员和流动教员。北京大学的一些进步学生和党团员曾多次到此讲课，向工人宣传马克思主义，介绍全国各地工人的组织和斗争情况，还把当时全国各地出版的革命报刊送到这里，供工人们学习。1921年5月，在北京共产主义小组领导下，在这里成立了长辛店京汉铁路工会。同年10月因参加工会的工人越来越多，工会和补习学校搬到刘铁铺。旧址现按原样翻建，室内陈列着反映当年工人学习与斗争的图片和文物。

辛店留法勤工俭学预备班旧址

在北京市丰台区长辛店铁路中学院内。是一座坐东朝西的两层法国式小楼。五四运动前夕，李石曾、吴玉章等人曾于1912年初在北京发起组织留法俭学会，鼓励人们赴法留学，以达"输世界文明于国内"，改良中国社会之目的。1918年秋，蔡元培、李石曾等人得到京汉铁路局及侨工局的赞助，在此设"高等法文专修馆长辛店分馆"及留法勤工俭学预备班。当时在此学习的有来自全国各地的学员百余人。分机械、铸造、钳工3个组，学制1年。毛泽东是湖南留法勤工俭学运动的负责人之一，1918年来京时，他曾来此了解学员们的学习情况。

文化书社遗址

在湖南长沙市潮宗街。原有3间铺房,是向湘雅医药学校租佃的。1920年8月,书社成立。9月开始对外临时营业。10月22日,召开了第一次议事会。推举易札容为经理,毛泽东为特别交涉员。书社的宗旨是:"使各种有价值之新出版物广布全省,人人有阅读的机会""愿用最迅速最简便的方法,介绍各种新书报杂志,以充青年及全体湖南人新研究的材料。"书社对推动新文化运动、传播马克思主义,起了重要的作用。陈潭秋、恽代英、刘少奇等都在书社居住过。1927年5月,在"马日事变"中,书社被反动派捣毁。房屋毁于1938年长沙大火。

文昌阁纪念址

在福建省上杭县蛟洋村。文昌阁建于清乾隆十九年(1754

年），高32米。两侧有天后宫、五谷殿，占地1500平方米。全阁以木构为主，外观6层，1至4层为方形，上为八角形，顶冠以红色葫芦，檐角饰凤尾反翘，内为3层，底层作庑殿或厅堂，2层为方形神殿，四周设有回廊，顶层八面开窗成阁，厅堂、殿、阁组成一体，风格独特。1929年7月下旬，中国共产党闽西特委在此召开闽西第一次党代表大会，毛泽东到会指导，大会制定了巩固和发展闽西革命根据地的总路线，为闽西根据地的建设奠定基础。

文翁石室遗址

在四川成都市文庙前街第四中学附近。据文献记载，公元前150年左右，蜀郡守文翁在此建立我国历史上第一所官办学校。文翁，西汉庐江舒县（今安徽庐江）人。西汉教育家。景帝末年的蜀郡守时，兴修农田水利，重视教育，在成都设立精舍讲堂，即石室。入讲堂就学者免除徭役，成绩优良者为郡县官吏，次之者到基层管理民事，促进了四川文化和生产的发展。石室校舍在东汉献帝初平年间遭火烧毁，后时有兴废。清康熙年间，在石室旧址兴建锦江书院。光绪三十年（1904年）废书院，办新学，改名石室中学。1910至1912年郭沫若曾在石室攻读。新中国成立后，改为川西石室中学，后改为成都市第四中学。近年恢复旧名。现悬挂在四中学校图书室门上的"文翁石室"横匾，为清嘉庆年间四川总督蒋攸锸所题字摹写。

巴西会议会址

位于四川省若尔盖县。1935年8月，长征中的中国工农红军到达四川松潘西北巴西（今属若儿盖州市）地方，中国共产党召开中央政治局会议。会议决定红军继续北上。这时，在中国工农红军第四方面军担任领导工作的张国焘坚持错误路线，违抗中共中央的命令，率领一部分红军同中央分裂，并企图以武力危害中央。会议决定中央离开危险地区，率领一部分红军向陕北进军。张国焘则率领被其欺骗的一部分红军南下天全、芦山、大金川、小金川及阿坝地区（今阿坝藏族自治州），另立伪中央，揭出叛党旗帜。

平江起义旧址

在湖南平江县城东北部。原为天岳书院，建于 1867 年，坐南朝北，砖木结构，有大门、中厅、后厅和东、西斋等建筑物，占地面积 3000 平方米。1928 年，彭德怀率国民革命军独立第一师第一团到平江，其一营驻扎在此，7 月 22 日，彭德怀、滕代远、黄公略等在此发动了起义，一举克平江县城，翌晨，起义军在县城召开祝捷大会，宣告中国工农红军第五军成立，彭德怀任军长，滕代远任政治委员。其后，红五军主力到井冈山与红四军会合，其余部分留在湘赣地区坚持游击战争。旧址保存完整，现为平江县第一中学使用。当年彭、滕、黄的住房、会议室等均作原貌陈列。

平阳金钱会起义遗址

在浙江平阳县钱仓北山庙的山麓上，有两块突起的岩石，高宽均在10米左右，东西峙立，相距11米，人称"龙虎岩"，巍峨奇雄，峭拔嶙峋。太平天国期间，浙南的金钱农民起义，就是在此爆发的。金钱会由钱仓、赵起等8人发起组织，是太平天国运动时期四大农民起义之一。凡入会者均发给铸有"金钱义记"字样的铜钱一枚。不分长、幼皆称兄弟，要求肝胆无欺，御变则情坚金石，腹心同胞，防危则契结金兰"。1868年8月2日，赵起在钱仓北山庙聚集会众，宣布起义，他们攻破了浙江最顽固的地主堡垒安义堡，并一度打进温州城里，攻占了道台和府台。1862年起义失败后，赵起因叛徒出卖，壮烈牺牲。现北山庙建筑被毁，仅存遗址。龙虎岩依然屹立，刻有明宣德九年（1434年）建庙的摩崖题记。

平型关战役遗址

在山西灵丘县城西桥沟一带，因距古长城关隘平型关约5公里而得名，北为恒山余脉，南接五台山，附近峰峦巉岩，比肩联袂，溪谷深邃，阴森幽静，一条狭谷山路，东通冀北，西抵雁门，地势极为险要，为兵家所必争。桥沟约长7公里，崖高数丈，陡峭如削，崖顶平缓，杂草丛生。1937年9月25日拂晓，日本侵略军板垣师团二十一旅团主力1000余人，顺沟迤逦西进，八路军——五师预伏崖顶，俟敌进入壕堑，发起攻击，歼敌1000余，毁汽车百余辆，缴获大量武器和军用品。现京原铁路顺沟侧铺设，公路东西横贯，遍山松柏苍翠，绿树成荫，昔日战场已成为游览胜地。

平津战役天津前线指挥部旧址

1949年解放战争中的平津战役，是著名的三大战役之一。此战役的前线指挥部，设在杨柳青镇药王庙东大街2号。1月14日10时，在强大炮火的支援下，我军对天津市区发起总攻，以西营门为突破口，激战29小时，全歼国民党守敌13万余人，15日天津宣告解放。从此，我国北方最大的工商城市——天津，回到了人民的怀抱。

玉茗堂遗址

在江西抚州市内沙井巷，为汤显祖故居。汤显祖（1550—1617年），字义仍，号海若，又号若士，别号清远道人，江西临川人，明代剧作家。少有文名，万历进士，历官南京太常博士、礼部主事、遂昌知县。后被劾归里，精研词曲和传奇，专事著述。所著《紫钗记》《还魂记》《南柯记》《邯郸记》，世称《临川四梦》或《玉茗堂四梦》。其中《还魂记》（全名《牡丹亭还魂记》）最负盛名。另有诗文集《玉茗堂全集》。明万历时，他由浙江遂昌罢官回乡后。在此从事创作达20余年。故居分为相邻的两部分：一是金桂阁。汤氏住宅；另一为玉茗堂。是其读书和创作之处。门内有毓霭池，池西原有芙蓉馆，东有四梦台，北为玉蕋堂，堂左有省兰堂，堂右有寒光堂，堂后有清远楼。惜于明万历四十年（1612年）被焚，仅残留"汤家玉茗堂"石碑一方，为清同治年间所立。现已于遗址上兴建一座玉茗堂剧院，并将逐步恢复部分旧景。

东方军总部旧址

在福建泰宁县水南金富街罗汉寺。1933年冬，彭德怀率领东方军在泰宁期间，总指挥部和无线电台曾设于此。彭德怀亦居此。东方军是"中国工农红军东方军"的简称。第二次国内革命战争时期，中国工农红军为东进福建、扩大根据地而组建的一支部队。1933年7月1日，中央革命军事委员会决定，以红三军团所属的第四、第五、第六师，红七军团第十九师为主组成东方军，以彭德怀为总指挥，滕代远为政委，东进福建，扩大根据地。入闽后，发起连城战斗，消灭国民党第十九路军1个旅3个团。1934年第五次反"围剿"中，曾参加硝石等战役。该军曾两次入闽作战，共歼国民党军8个团，击溃8个团，俘国民党政府军官兵6000余人。1934年2月回江西，归还原建制。

东汉太学遗址

在河南洛阳市东 15 公里汉魏故城南郊，今偃师县太学村、北冈村附近。始建于东汉建武五年（29 年），至顺帝时达到空前规模，"凡所造构二百四十房，千八百五十室"，太学生共达 3 万余人，是当时传授儒学的最高学府。班彪于建武后期在此讲学。班彪（3—54 年），字叔皮，扶风安陵（今陕西咸阳）人，东汉史学家。性好古，曾举茂才，授徐令，后专力从事史学，作《史记后传》数十篇，由其子班固，其女班昭续成《汉书》。今仅存遗址，出土不少汉魏石经残块。

东汉辟雍遗址

在河南洛阳市东 15 公里汉魏故城南郊，偃师县岗上村东侧。辟雍即"天子之学"，用以"行礼乐，宣德化"，始建于汉中元初（56 年）。蔡邕曾在此讲学。蔡邕（133—192 年），字伯喈，陈留圉（今河南杞县）人，东汉文学家、书法家。少时博学，喜爱辞章、数术、天文，妙操音律。曾任河平长、郎中、议郎、侍御史、左中郎将，封高阳乡侯，后因董卓案下狱而死。其散文长于碑记，诗赋以《述行赋》较著名。原有《蔡郎中集》，已佚，后人有辑本。碑文以所书《六经》碑最著，世称"熹平石经"。据其作《明堂月令论》载：乃"取其四面周水，圜如璧""去明堂三百步，四方外有水以节观者，门外皆有桥"。后历经魏、晋，遂不复旧观。今存四个不同方位的"品"字形夯基，每一品字为一建筑单元，每单元由三座夯基址构成。

古田会议会址

在福建上杭县古田村彩眉岭笔架山下。1929年12月，中国工农红军第四军党的第九次代表大会，即古田会议，在此举行。1927年大革命失败后，中国共产党领导了八一南昌起义、秋收起义和广州起义，进入了创建红军的新时期。为了总结南昌起义以来红军建设的经验，毛泽东主持召开了这次会议。会上通过了毛泽东起草的《中国共产党红军第四军第九次代表大会决议案》。决议认为必须加强党内的马克思列宁主义教育，开展批评与自我批评，克服单纯军事观点、极端民主化、非组织观点、绝对平均主义、主观主义、个人主义等不良倾向，组织上必须坚持严格的民主集中制。决议还强调党对红军的绝对领导，规定红军除打仗外还要负担宣传群众、组织群众、武装群众、帮助群众建立革命政权以至于建立共产党的组织等项重大的任务。这次会议制定了党的马克思列宁主义的建军路线，清除了一切旧式军队的影响，对党和军队的建设发挥了重大作用。会址原为廖家祠堂，建于清末，民国以后曾为和声小学（后改曙光小学）校址。祠堂由前后厅和左右厢房组成，后厅是当年小学的课堂，古田会议就在这里举行。现复原陈列有主席台、会标、党旗，马克思、列宁的画像和代表席位。左侧厢房，有会议期间毛泽东的办公室，祠堂地板上留有当年代表御寒烤火的残迹，外面右侧有红军检阅台，左侧有莲花池和水井，背后杉柏参天，前面四野广阔，长汀至龙岩公路由此经过。附近新建有古田会议陈列馆。

古城会议旧址

在江西宁冈县的古城，北距三湾22.5公里，南离砻市7.5公里，是永（新）宁（冈）公路上的一个小镇。公路右侧是一所学校（旧为奎峰书院又名文昌宫），1927年10月3日，毛泽东率工农革命军从三湾来宁冈古城，当天在此召开前委扩大会议（即古城会议）。毛泽东在会上总结了秋收起义以来的经验教训，阐明了创建农村革命根据地的重要意义。会议历时3天，讨论决定在罗霄山脉中段建立革命根据地，在工农革命军中进一步贯彻三湾改编的精神。会后，毛泽东率领部队进驻宁冈茅坪、大陇一带。

龙岩红四军司令部旧址

在福建龙岩市中山公园旁。是一座砖木结构的二层四方楼房。原是公园的附属建筑。面对公园假山、石塔、莲花池，树木青翠，环境优美。1929年6月19日，中国工农红军第四军第三次攻克龙岩城后，司令部就设在此楼。1930年曾作为龙岩县第二届苏维埃政府的办公场所。

石门古战场遗址

在台湾屏东恒春半岛西侧四重溪河谷中。此地两山夹屿，相距仅30余米，形势险要。清同治十三年（1874年）日本侵略者在附近登陆进犯，高山族居民曾在此据险抵抗。凡至四重溪温泉的游人，多在此凭吊。

叶坪旧址群

在江西瑞金县城东北5公里。是第二次国内革命战争时期中央工农民主政府所在地。1931年9月28日，毛泽东、朱德指挥根据地军民粉碎敌人一、二、三次"围剿"后来此领导各项工作，巩固和发展了革命根据地。现供参观的有：毛泽东和朱德故居、中央民主政府旧址、红军检阅台、红军烈士纪念塔、博生堡、公略亭等。其中砖木结构的旧祠堂，为1931年11月召开的中国共产党苏区第一次代表大会和中华苏维埃第一次全国工农兵代表大会会址，大会闭幕后则为中央工农民主政府总办公厅。办公厅后的草坪有红军检阅台，原为竹木搭的便台，1933年改为土木结构。长征后被毁，1955年按原貌修复。大草坪中心的红军烈士纪念塔，高10余米，呈子弹形，1933年8月1日动工，1934年2月2日举行揭幕典礼。塔上有毛泽东、博古（秦邦宪）、朱德、周恩来、项英等的题词，塔前用煤炭铺着"踏着先烈的血迹勇敢前进！"的标语。草坪东的博生堡，高约10余米，为纪念宁都起义的领导人赵博生而建，门首"博生堡"为朱德所题。草坪北的"公略亭"系彭德怀所题，为纪念著名红军将领黄公略而建。博生堡及公略亭同在1933年8月动工，1934年1月底落成。

叶挺指挥部旧址

在江西南昌市百花洲东湖旁的第二中学内。为砖瓦结构工字形二层楼房，面积907.20平方米。原是南昌心远中学校舍的一部分。1927年八一南昌起义时，叶挺率领的第十一军指挥部设此。楼上为办公室、会议室和电话机房，楼下是军指挥部警卫部队住地。叶挺旧居原在南昌二中教学大楼前面，1958年拆除。1927年7月30日下午二时，叶挺在此召开了第十一军第二十四师营以上及师直机关的军官会议，传达了中国共产党关于武装起义的决定，部署了战斗任务。1977年修缮，按当时陈设复原陈列。

北伐誓师大会会场遗址

在广东广州市中山三路广州起义烈士陵园前（原名东校场）。北伐是第一次国共合作时所进行的一次反帝反封建的伟大国内革命战争。参加北伐的有8个军,每个军都有共产党员,在北伐军中起着骨干作用,以共产党员叶挺为首,在北伐中担任先锋的独立团,更是战绩彪炳。北伐誓师大会于1926年7月9日在广州市东校场(今广州起义烈士陵园正门前面)隆重举行。誓师后,北伐军即挥戈北上,不到一年,占领了中国中部和北部的广大地区,有力地打击了帝国主义和封建军阀。

北极阁观象台遗址

在江苏南京玄武湖南鸡笼山上,为明代"十庙"之一的北极真武庙内的一座建筑。因其雄踞山巅,十分壮观,人们遂以阁命山,称鸡笼山北极阁。南朝和宋元时代,在此建有司天台。刘宋时何承天利用司天台观测到的大量天文记录,在此修订了新历法——"元嘉历"。刘宋、萧齐时的祖冲之,又把东晋天文学家虞喜发现的岁差现象,应用到历法中去,创造了在391年中,设144个闰月的"置闰法",从而革新了历法,创制了较为精密的"大明历"。元至正元年（1341年）将司天台改建为观象台。明初徐达攻克元大都（北京）后，将元大都所有的宋、元时代的天文仪器搬到南京，安装在鸡笼山的观象台上。洪武十八年（1385年），扩建为国家天文台——观象台，因归钦天监领导，又叫钦天台，鸡笼山也被称为钦天山。这个天文台，比英格林尼治天文台（建于1675年），还早近300年。意大利传教士利玛窦，曾于1600年参观过这座天文台。他和其他一些外国人都认为这座天文台设备完善，仪器制作精美，材料也经久耐用。在管理上也是第一流的，日夜都是有人轮流严密观测星象。北京建国门观象台的一些重要天文仪器就是在明正统年间依照此地的仪器复制的。清康熙八年（1669年），将这座天文台的全部仪器运到了北京。咸丰三年（1853年）北极阁毁于兵火，同治年间，又在明观象台旧址重建北极阁。1928年扩建为气象台。现为南京气象台和气象研究所所在地。

北洋水师提督署旧址

亦称北洋水师提督衙门。在山东威海市刘公岛。威海地处要冲，明初曾设卫所，筑城以备倭寇，刘公岛横踞海上，形成天然屏障，是扼守东陲海疆的重要军港。光绪十三年（1887年），清政府建北洋水师并设提督署于此。署负山面海，坐北朝南，围以长垣，面积10000平方米。沿中轴线建厅堂三进，东西跨院间有长廊贯通，均为清式举架木砖结构。院内有地下储水设施。门前左右角楼，为鸣金奏乐处，其西设一瞭望台。提督署西北200米有水师提督丁汝昌的府邸，旧称"丁公府"。此外，岛上尚有水师公所、制造局、铁码头、船坞、学校、操场，马路等遗迹。刘公岛，日岛及威海陆地南北两岸海岸炮台和陆路炮台保存尚属完整。甲午海战中，北洋水师与日本侵略者鏖战于黄海上，提督丁汝昌，致远舰管带邓世昌英勇督战，壮烈殉国。新中国成立后提督署内辟有甲午海战文物陈列馆。陈列的历史照片，展示了当年北洋海军的兴衰史，中厅布置着栩栩如生的蜡塑人像展现了1884年北洋海军丁汝昌、邓世昌等诸将领的形象。中厅东厢房安置着丁汝昌的蜡像，他伫立于案前，执笔凝望窗外苍穹，不胜焦虑与感慨，真实地再现了丁汝昌临终前忧国忧民而又无可奈何的激愤情怀。

白沙古战场遗址

在福建晋江市东石乡，距安海镇7公里，与南安石井隔海相望。北接灵源山，东连深沪湾，南对金门岛，西临石井江，为郑成功抗清基地之要津。清顺治三年（1646年），郑芝龙降清，子成功率部回晋江沿淘海招募亲兵，矢志抗清。顺治八年，部将施琅叛变，成功斩其父、弟，琅诉诸清廷，于顺治十二年（1655年）兴兵欲摧石井。郑成功严阵以待，奋抗清兵，在白沙滩一带争夺，世传"三日清，五日明"，可见战斗之烈。成功"五虎将"之首陈魁琪战死，今尚存祀宫。锦亭村后倒桥系当年阵亡将士墓地，有"同归所"石刻，已废。今白沙滩尚存屯兵城址，饮马石槽，屡有刀、戟、炮诸兵器出土。当年指挥台之东石寨，尚存"丹心"崖刻及"得胜门"石刻。

冉庄地道战遗址

位于河北省清苑区县城南 15 公里的冉庄村。地道战，是依托地道坚持对敌斗争的一种战法。抗日战争时期，中国共产党领导的华北平原抗日根据地军民，在敌人残酷"扫荡"的情况下，挖掘地道同敌人进行斗争。地道内有生活、防毒、防水、战斗等设备。出入口的开设和伪装都很巧妙，有些地道还村村相连。在敌军包围村庄和"驻剿"时，军队、地方干部、民兵和群众依托地道，神出鬼没地打击敌人。这种斗争形式，对坚持平原游击战争有重大作用。冉庄原地道长 15 公里余，以村中十字街为中心，有东西南北四条干线。沿干线有东西支线 11 条，南北支线 13 条，通往野外和连接他村的地道 4 条。主干道高 1—1.5 米，宽 0.7—0.8 米，上距地面约 2 米。地道分军用和民用两种，用以作战和隐蔽人、物。地道内设有照明油灯、指路牌，十字街口设作战指挥部、休息室、厕所等，地道口下设有陷阱。出入口设在隐蔽处。高房及地面上以庙宇、碾子、柜台等形式伪装的作战工事均与地道相通。沿街墙壁都有暗枪眼，于村内外、高房上下、地上地下构成纵横交错的火力网。从1939年起改单口隐蔽洞为双口洞，边战边修，到1945年1月发展成连村地道。在抗日战争中，进行了大小战斗150余次。

永安州城遗址

今广西蒙山县城。建于明成化十三年（1477年）历代有修葺。1851年1月金田起义后，洪秀全领导太平军转战浔黔两江，于9月25日攻克永安州城，在永安休整半年多，相继建立军政制度，修改历法，制定天历，令人蓄法，禁止私有金银，分封杨秀清为东王，萧朝贵为西王，冯云山为南王，韦昌辉为北王，石达开为翼王，受东王节制，设东王府于城内。同时展开对清军围攻的战斗，把革命推向全国。现蒙山县城尚存当年太平军攻克的城墙、使用过的东西炮台、十里长墙、西浮岭地洞等遗址。

永新联席会议旧址

在江西永新县城禾水边。原为县城商会。是一栋前后两进、中间有天井的二层砖木结构楼房。有20多个房间，楼上有会议室。中共永兴县委在此办公，旁边是县赤卫大队部旧址。1928年6月30日，毛泽东在此召开了湘赣边界特委、红四军军委、永新县委联席会议。出席会议的有毛泽东、朱德、陈毅、谭震林、刘珍、袁文才、王佐、陈正人、王怀等，毛泽东在会上分析了当时形势，反对冒进湘南，继续在湘赣边界各县建立巩固的井冈山革命根据地。此房保存完好，已对外开放。

宁都起义指挥部旧址

在江西宁都县城梅江边。原是耶稣堂，为砖木结构的两层楼房。第二次国内革命战争时期，中国共产党在这里领导和宣布了原国民党第二十六军的武装起义（宁都起义）。1930年蒋（介石）冯（玉祥）阎（锡山）中原大战后，冯玉祥所辖的西北军一部，被蒋介石改编为第二十六军。1931年春，该军被派往江西"围剿"中国工农红军第一方面军。7月进驻宁都。不久，九一八事变爆发，东北沦陷。该军广大官兵不满蒋介石对外不抵抗，对内"剿共"和消灭异己的政策，加之受抗日形势和红军胜利粉碎国民党进攻的影响，全军17000余名官兵在中共地下组织的发动下，由赵博生（共产党员）、董振堂、黄中岳率领，于12月14日在宁都起义。起义后，部队开赴中央苏区加入中国工农红军，编为红军第五军团。季振同任总指挥、董振堂任副总指挥兼十三军军长、赵博生任参谋长兼十四军军长，黄中岳任十五军军长。现旧址保存完好。建有宁都起义陈列馆。

西安事变旧址

位于陕西省西安市。1936年，日本帝国主义加紧对中国的侵略，蒋介石坚持不抵抗政策，继续进行反人民的内战。以张学良为首的东北军和以十七路军总指挥杨虎城为首的西北军，被蒋调到陕甘一带进攻中国工农红军，受到红军的打击。在中国共产党抗日民族统一战线及人民抗日运动的影响下，张、杨逐步认识到"剿共"没有前途，先后与红军达成事实上的停战，并要求蒋介石联共抗日。蒋拒绝张、杨的要求，力迫张、杨继续进攻红军。12月4日，蒋介石亲到西安督战。张、杨便于12日在临潼华清池扣留了蒋介石，还扣留了陈诚、蒋鼎文等军政要员。随后发布了八大主张，逼蒋联共抗日，同时电邀中共中央派代表团来西安商讨抗日救国大计。事变发生后，中国共产党主张和平解决这一事件，以粉碎日本帝国主义及国民党亲日派的罪恶阴谋，促使抗日民族统一战线迅速建立。周恩来受党中央的重托到西安同张、杨协商，与蒋介石谈判，迫使蒋介石接受了停止内战一致抗日的主张。西安事变的和平解决，对推动国共两党再次合作、团结抗日，起了重大的历史作用，成为由国内革命战争走向抗日民族战争的转折点。西安事变旧址包括张学良公馆和杨虎城公馆等建筑。张公馆在建国路

69号（原金家巷1号）。建于1932年，为东西排列三座三层砖木结构西式楼房。外有围墙。东楼是机要楼，中楼是客厅、会议室，西楼为张学良居室（在三楼）。西安事变发生后，周恩来、叶剑英率中共代表团来西安，住在东楼。中共代表团与张杨会谈及与南京政府代表谈判多在中楼。止园在北大街青年路。建于1933年。主楼为传统宫殿式建筑，拱顶、飞檐、碧瓦、朱柱。西安事变前夕，张、杨在此密商发动兵谏，1936年12月17日，周恩来亲自到止园，促成西安事变和平解决。1982年在张学良公馆建立西安事变纪念馆。

西安情报处旧址

在陕西西安大莲花池街和王家巷相接处。1939—1949年为中共中央情报部西安情报处所在地。为两进院落。院内设有地道，用以贮藏无线电收发报机、电讯密码和机密文件，并作会场之用。地道由周恩来同志亲自选择并规划。地道全长60余米，高约2米，宽1米许，有4道岔路，3处通风孔，4个洞口。其中一洞口凿于渗井半腰，有的通气孔开在屋内，掩蔽十分隐秘，故能在国民党白色恐怖下坚持10年之久。现地址保存完好。

西泠印社社址

位于浙江杭州市西湖孤山上，是全国金石篆刻胜地。原为清代行宫的皇家花园。其间有四照阁、题襟馆、现乐楼、仰贤亭、山川雨露图书室、华严经塔、遁庵、还朴精庐等建筑。各抱地形，参差错落。亭、馆壁间嵌有清代印人画像石，浙派印学大师丁敬手书刻石。山崖廊间有吴昌硕等名人碑记。整个印社布局精巧，曲折典雅。"西泠"源于明清时代，当时的丁敬、黄易、奚冈、蒋仁、陈鸿寿、陈豫钟、赵之琛和钱松等是代表人物，号称"西泠八家"，其篆刻艺术以清刚朴茂、苍劲钝拙见长，风格独具，故后世尊为"浙派"。他们的艺术，为后来的西泠印社成立奠定了基础。清光绪年间，杭州研究语言文字学家常聚会于孤山数峰阁，探讨六书，研究篆刻。其后，著名金石学家，杭州的叶为铭、王提、丁仁，绍兴的吴隐等亦常在此研究印学。他们"于数峰阁旁买地数方，遂议醵资营建印社"，筹建于清光绪二十九年（1903年），次年就绪，历时9年，于1913年成立西泠印社，为我国研究金石篆刻的著名学术团体，公推书画家、篆刻家吴昌硕为社长。西泠印社设有"吴昌硕纪念室"，内有日本友人赠送铜铸吴昌硕胸像1尊，高72厘米。吴昌硕（1844—1927年），名俊卿，别号伍庐、苦铁。浙江安吉人。他以诗、书、画、印著称于世，人称四绝。著有《缶庐集》。现有亭、阁、馆、塔10余座，存有许多画像石刻和题记。现西泠印社社员和全国著名金石家、书画家定期于每年清明和重阳至此集会，共同探讨金石书画技艺。

西柏坡中共中央旧址

在河北省平山县境内，太行山东麓柏坡岭下，距石家庄市90余公里。是1948—1949年中共中央所在地。有毛泽东、刘少奇、周恩来、朱德、任弼时、董必武等人旧居，解放军总部和中共七届二中全会会场等建筑。1947年春，根据中国人民解放战争的形势发展，刘少奇、朱德、董必武等人组成中共中央工作委员会首先到此召开了中国共产党全国土地会议，颁发了《中国土地法大纲》。1948年5月，毛泽东、周恩来及中央直属机关从西北战场东渡黄河，经河北阜平县城南庄转战至此，与中共中央工委汇合，在此召开了政治局9月会议。政治局扩大会议和中共七届二中全会，并组织和指挥了辽沈、淮海、平津三大战役。1949年北平解放，中共中央和解放军总部由此迁往北平（今北京）。1958年因治理海河兴建岗南水库，旧址为水库淹没区。1971年迁建在旧址北部，大体保持原貌。

回山乡革命委员会旧址

在贵州遵义丰乐桥坳上周家院，今万里路回山乡巷内。系一幢两层中式楼房。该委员会是在红军领导下建立起来的一个乡级革命政权，推选农民邱本立当主席。其任务是打土豪、分田地。决定种田的人分田地，卖水果的分果树，种菜、卖菜的分菜园。后因红军执行战略任务急速离开遵义而未分成。委员会还组织了几百人的运粮队，供应红军和游击队。

伊犁将军府旧址

在新疆伊犁哈萨克自治州霍城县惠远城内。建于清代，为光绪十年（1884年）新疆建省后所建。坐北朝南。院内古木参天；厅堂、台榭、曲径、回廊，依然存在。小巧玲珑的"将军亭"已修缮一新，伫立大青松绿树之间。昔日将军府门前的一对石狮，仍存院内，神态逼真，惹人喜爱。

自然科学院旧址

在陕西延安城东10公里柳树店村。1939年5月成立。原名自然科学研究院。院长徐特立，副院长陈康白。主要培养掌握基本知识、具有独立工作能力的科学技术干部。1940年改为自然科学院。1943年并入延安大学。当时有土窑洞60余孔，修盖房子数十间，山上最高一层窑洞中的一部分为院部办公室和院长徐特立的住室。山脚处还建有一座大礼堂和高7米余的水塔。现存部分窑洞。自然科学院是中国共产党领导下的第一所自然科学院。

军官教育团旧址

在江西南昌市花园角附近。原为讲武堂。占地几十亩，前后三进共四五十间房，另有礼堂及操场。1926年，朱德留学回国后任南昌公安局长，遵照党的指示，利用自己以前在滇军护国军内的威望和同僚关系，创办军官教育团，培养革命武装干部。学校定名为国民革命军第三军军官教育团，名义上隶属第三军，实际上受中央军委的领导，由朱德任团长，陈奇涵任教育长，曾天宇任教员。到1927年2月，接收学员1000余人，成为南昌革命活动的一个基地和堡垒，在八一南昌起义时起了重要作用。现保存完好，陈列了当年的一些珍贵文物。

江南水师学堂旧址

在江苏南京市挹江门内。为清光绪十六年（1890年）创办的军事学校，它是我国近代史上洋务运动的一个重要遗迹，学校设驾驶、轮机两班，每期学生约120人，教师多为英国人。鲁迅于1898年4月考入该校轮机班，开始接触西方文化和新思想。后因学堂内门户之见极深，他愤然退学。辛亥革命后，作为海军部办公地，后又为海军军官学校、无线电学校、鱼雷枪炮学校等校的校址，历经破坏、变迁，现存总办提督楼、英籍教师楼、管轮班讲学、轿厅和长廊等建筑。

红七军军部旧址

位于广西重镇百色市中心解放大街粤东会馆。1929年12月11日，邓小平、张云逸及韦拔群等广西右江地区的一部分革命士兵和农民，在百色举行武装起义，成立中国工农红军第七军和右江工农民主政府，邓小平任前敌委员会书记兼第七军政治委员，张云逸任第七军军长，开辟了右江革命根据地。红七军军部旧址是一座具有我国古代传统风格的三进四合厢院建筑。初建于清代雍正年间，后因战乱倒塌，于同治年间修复。相传，当时居住百色的广东商人要求成立商会，建筑粤东会馆。遭到了土司的故意刁难。他们把建筑房子的图纸呈送土司衙门，土司只批准一块像图纸一般的地皮。后来，聪明的商人就把这张图纸剪成丝片，再把一条条纸丝连接起来，圈了一大块地。土司无奈，只好用高价出卖了这块地皮。建造时，所用的砖瓦、木料全部从广东运来，经过十几年的苦心经营，才修建成功。百色起义后，它就成为中国工农红军第七军军部，揭开了它历史上光辉一页。为了纪念百色起义和红七军的诞生，1961 年在红七军军部旧址内建立了右江革命文物馆，收集和整理百色起义时期的文物和资料，介绍右江各族人民在新民主主义革命时期的光荣史实，介绍了百色起义的光辉业绩。1962 年 2 月 26 日，列为自治区级重点文物保护单位。1977 年 8 月 17 日，邓小平同志亲笔题字："中国工农红军第七军军部旧址。"

1989年修整后，增加了红七军转战南北、红七军人物等新内容的陈列室。

红七军政治部旧址

位于广西壮族自治区重镇百色市清风楼，在今红旗街一小院内。这是一座独立的四方三层楼阁，原是国民党百色县政府的办公楼。1929年12月11日，邓小平、张云逸同志在这里举行了著名的百色起义，建立了中国工农红军第七军。红七军政治部就设在这里。邓小平同志当年曾在这里办公开会。《右江日报》及红七军的各种布告、宣传品，都在这里编印。如今，在一楼的墙壁上，还留下几条红军当年写下的革命标语："没收地主土地分给贫农！""红军是工农劳苦群众的武装！""红军官兵待遇一律平等，月饷二十元！"这些历史遗迹，反映了百色起义和红七军光辉的战斗历程。

红三团团部旧址

在福建平和县南胜欧寮尾村。1932年4月,毛泽东率领红军东路军攻克漳州,毛泽东和罗荣桓、聂荣臻、邓子恢等接见了闽南游击队队长王占春,并调拨枪支,扩建闽南革命武装,改编闽南游击队为中央工农红军闽南独立第三团,简称红三团,由王占春任政委。1933年11月,红三团挺进欧寮,建立革命根据地。翌年5月1日,平和县第一次工农兵代表大会在此召开。(南)靖(平)和(漳)浦苏维埃政府、漳州人民抗日义勇军先后在此成立。1939年初,闽南特委机关也转移到欧寮,这里成了闽南革命活动中心之一。

红军之友社旧址

在贵州遵义新城中营沟杜家公馆,今遵义市人民印刷厂院内。1931年九一八事变后,遵义的青年学生,为反对日本帝国主义的侵略以及蒋介石政府的不抵抗政策，成立了"学生自治会""读书会"等组织，在此基础上又产生了"红军之友协会"的秘密组织。红军到达遵义前夕，该协会中的中共地下党员领导其他成员，积极筹备欢迎红军入城的工作。1935年1月红军入城后，总政治部立即批准了这个组织，并改称红军之友社。其任务是配合红军展开各种宣传活动，协助县革命委员会领导人民群众打土豪，分财物，社员发展到1000多人，红军离遵义向赤水进军时，该社大部分男社员及部分女社员加入红军。

红军干部大会旧址

在贵州遵义老城杨柳街内。原为天主堂教堂。修建于清同治五年（1866年），1980年依原样复制。红军进驻遵义期间，总政治部在此召开过营、科以上的军部大会。毛泽东、张闻天、周恩来等分别在会上讲话。红军入城后，还在此召开过群众代表大会，商讨筹建遵义县革命委员会、回山乡革命委员会等各种政治机构。红军二渡赤水,再克遵义时,红一团司令部还在此召开总结遵义会议后一个月来作战情况的大会。

红军总政治部旧址

在贵州遵义老城杨柳街内。原为天主教堂,今遵义市图书馆馆址。房屋为砖木结构的四合大院。1935年1月红军进驻遵义后,总政治部在此领导各阶层人民开展各项革命活动,建立各种革命组织,如遵义县革命委员会、回山乡革命委员会、红军之友社、赤色工会、少年先锋队、工人游击队等。并将打土豪的财物集中于此,分发给人民群众。现房屋保存完好。

红军总参谋部凤凰山麓旧址

在陕西延安凤凰山麓革命旧址院内。系由3孔石窑14间房子组成的小四合院。1937年党中央来到延安后,刘伯承、滕代远、萧劲光等先后住在这里。军委作战研究室亦设此。旧址门口有一棵槐树，当年的警卫人员常在树上系马，树皮被马啃掉一大块，朱德发现后就用毛笔在破皮处写上"禁止系马"4个字，字迹至今依稀可辨。

红军地方工作部旧址

在贵州遵义老城杨柳街高等小学堂，今遵义市文化小学校址。与红军总政治部旧址隔街相望。该部在遵义期间，动员、组织群众参加革命斗争，做了大量工作。遵义县游击队建立后，曾借用此操场进行训练。抗日战争初期，中共遵义县委的同志曾在此校任教，团结进步人士，组织救亡团体，开展抗日运动。浙江大学内迁遵义后，曾借用此校教室上课，浙大的一些进步学术团体、文艺团体也常在此举行集会和演出。著名的民主教授费巩烈士（1905—1945年）在此讲过课，发表过民主讲演。

红军强渡大渡河遗址

在四川石棉县西安顺场。是中国工农红军长征遗址。今存有红军指挥所、沙湾渡口及水东门炮台等。1935 年 5 月，红一方面军在渡过金沙江后，向北挺进，占领安顺场，强渡大渡河。红一军团一师一团担负强渡先遣任务，在团长杨得志的带领下，5 月 24 日夜战斗开始，激战半小时，打垮安顺场上守敌两个连，迅速占领了该场。次日又以 17 勇士为先导，强渡波涛汹涌的大渡河。他们在南岸红军火力的配合下，经过激烈战斗，摧毁了北岸的敌人碉堡，夺取了敌人的渡口，使该团主力部队得以渡河，歼灭北岸守敌 1 个团，使一军团第一师在安顺场全部渡过大渡河。新中国成立后，建有红军强渡大渡河纪念碑。

孙津川秘密工作旧址

在江苏南京市挹江门内东北角的北祖师庵 49 号。是第二次国内革命战争时期，中共南京市委书记孙津川秘密工作处。1928年初，孙津川以做工为掩护，从事中共南京地下党的领导工作。今北祖师庵49号是一座砖木结构的四合院中式平房，厢房是孙津川的秘密办公处和卧室。1928年7月，孙津川被捕，同年牺牲在雨花台。

杨家岭革命旧址

在陕西延安城北2.5公里处。两边高山夹着一条小沟，利于隐蔽。1938年11月20日，日本飞机轰炸延安后，中共中央由城内凤凰山麓迁此。随后依山修筑了中央大礼堂、中央办公厅大楼和石窑洞14孔，接石口土窑洞19孔，盖房100多间，在两边山腰上挖有土窑洞100余孔。1943年，中共中央书记处由此迁往枣园，中央办公厅、组织部、宣传部、统战部等仍留在这里。1947年3月，胡宗南军队侵占延安时，中共中央由此撤离，转战陕北。党中央和毛泽东同志在这里领导了全国军民的抗日战争，打退了国民党顽固派发动的三次"反共"高潮，开展了全党的整风运动和解放区的"大生产"运动，召开了中国共产党第七次全国代表大会和延安文艺座谈会。现向外开放的有：毛泽东、周恩来、刘少奇、朱德的故居，"七大"会场，延安文艺座谈会会场，中共中央政治局会议室，中央办公楼，毛泽东同志同美国记者安娜·路易斯·斯特朗谈话的地方，毛泽东同志劳动过的田地等。

赤山约农会旧址

在广东海丰县海城镇东部龙山下。原是"灵雨庵"，1922年夏，彭湃在庵前大榕树下向农民宣传革命道理，发动群众，开展农民运动。农会发展很快，会员由6人发展到500多人。1922年9月，彭湃在此庵亲自主持"赤山约农会"，为广东省最早的一个农会。旧址于1965年按原貌复建。

赤石暴动旧址

在福建崇安县城南7公里赤石镇渡口。是1942年6月震动全国的赤石暴动的所在地。当年日本帝国主义陷金华，迫衢州，炸上饶，国民党反动派将皖南事变中被囚禁在上饶集中营的新四军抗日战士押送到福建，6月17日走到崇安赤石镇，越渡崇溪时，我新四军将士夺取敌人武器，进行暴动，奔向武夷山革命根据地。暴动中一部分战士壮烈牺牲，一部分战士突围未成被残忍杀害。新中国成立后，崇溪岸边建有赤石暴动烈士陵墓。距镇南5公里的坑头村虎山庙，是突围未成战士被囚禁和被杀害的场所。

赤壁之战遗址

古名石头关。在湖北浦圻县西北36公里的长江南岸。隔江与乌林相望。相传东汉建安十三年（208年），孙权、刘备联军，在此用火攻，大破曹操战船，当时火光照得江岸崖壁一片通红，"赤壁"由此得名。此处有赤壁、南屏、金鸾三山，起伏毗连，苍翠如绘。摩崖石刻、拜风台、凤雏庵、翼江亭等文物和建筑，错落隐现。赤壁山西南部，嶙峋临江，斜亘百丈，恰大江汹涌，直扑山壁，尤在涨水时，激浪飞溅，高达丈余；噌吰雷鸣，远震里许，气势磅礴，成为历代名人攀登凭吊、吟咏抒怀的所在。新中国成立后，大部已整修，并增建了层台、阁亭、旅社等。

时务学堂遗址

在湖南长沙市小东街，今中山路七一油厂所在地。时务学堂为清末湖南维新派谭嗣同等人1897年10月创办。近代学者、思想家梁启超在此任中文总教习，培养学通中外、体用兼赅新人才，以推动维新变法运动。1898年9月，戊戌变法失败后改为求是书院。辛亥革命后，梁启超来湘讲学，曾寻访学堂旧址，并书"湖南时务学堂旧址"8字，刻石留念。1938年毁于大火，仅存遗址。

延安文艺座谈会会场旧址

在陕西延安杨家岭革命旧址中共中央办公楼一楼饭厅。

1942年5月2日至23日，中共中央宣传部在此召开了延安文艺座谈会。出席会议的中央负责同志有：毛泽东、朱德、凯丰、博古（秦邦宪）、任弼时、王稼祥等，以及文艺工作者90余人，大型会议开了3次。第一次是在5月2日下午，毛泽东做了重要讲话：《在延安文艺座谈会上的讲话》中的"引言"部分。第二次会议是5月8日，进行大会讨论。毛泽东、朱德等到大会听取发言。第三次会议是在5月23日的下午，讨论结束后，毛泽东和参加会的人一起在办公厅门口照相。晚上因听毛泽东做结论讲话的人增多，将会场移到了室外的场地上，临时用3根木棍支起一个架子，吊上1盏汽灯。毛泽东继续讲完结论部分。两次讲话合成为《在延安文艺座谈会上的讲话》。

延安县南区合作总社旧址

在陕西延安南区，亦称柳林区。现延安市南区供销社。成立于1936年12月，社址初在沟门，后移延安城南5公里的柳林村。建社时只有社员80人，股金159.9元边币，不久成立了油坊、粉房和织布、织袜等小型工厂，业务蒸蒸日上，至1944年，社员增至1230人，股本由150多元发展到200余万元，分社发展到16个，大小门市部21所，净利由几十元增加到170余万元，成为陕甘宁边区境内合作社的模范。1946年农历正月十五日中午，毛泽东到南区合作社视察，临行前毛泽东鼓励大家："一切事做持久打算，搞好生产、节约、供给，迅速准备粉碎国民党进攻的条件，为解放全中国而努力奋斗。"现保留有毛泽东视察时休息过的窑洞，并恢复砖木结构二层营业楼原状，正面有"延安县南区合作总社"牌名。

延安新华广播电台旧址

在陕西延安清凉山半山腰处。1940年成立。编辑部与新华社总社相邻，发射台在距离延安西北20公里的王皮湾的山沟里。1945年8月下旬，延安新华广播电台试验播音，后搬到延安西北10公里的盐店子，与原设在那里的军委三局总台合并，设在一个庙里。

沙洲坝旧址群

在江西瑞金市城西南 4 公里处。头枕观音山，背靠鹅公山，地势十分险要。1933 年 4 月至 1934 年 7 月，中央工农民主政府从叶坪迁此办公。现供参观的有：中央工农民主政府总办公厅及毛泽东、张闻天、谢觉哉旧居，红井和中央工农民主政府大礼堂，列宁小学等遗址。1934 年 1 月 21 日至 2 月 1 日在此召开了中华苏维埃第二次全国工农兵代表大会，并选举毛泽东、周恩来、刘少奇、朱德等 211 人组成新的中华苏维埃共和国中央执行委员会，毛泽东为主席。

张仲景祠遗址

在湖南长沙市蔡锷北路。张机，字仲景，河南南阳人。东汉灵帝时为长沙太守。精通医理，著有《伤寒论》《金匮要略》二书。自汉魏至今，医学界一直奉为经典，推仲景为医中之圣。清乾隆八年（1743年），建张公祠以念前贤。现其遗址上建有湖南中医学院附属二院。

张家湾军事会议旧址

张家湾又名水浒庙。在江西萍乡市安源矿区东头，距工人俱乐部0.5公里。是一栋砖木结构的两层楼房。原为一土豪所建，1921年地主武装"保卫团"驻此。1922年9月为工人子弟学校和工人夜校第一校。1925年9月，俱乐部被封闭后改为小学。1926年9月，北伐军到安源，工人俱乐部恢复，学校重新开办。1927年9月上旬，毛泽东从湖南来安源，在此东北端的楼房里召集安源、浏阳等地党、军负责人潘心源、王新亚等，讨论秋收起义具体计划，宣布暴动日期、进军路线和口号。起义前夕，部分农军驻扎在此。

陈白沙钓鱼台故址

在广东江门市长堤钓鱼台路口。陈白沙筑，是其暇时钓鱼之所。陈白沙（1428—1500年），名献章，广东新会白沙村（今属江门市）人，以村名为其字号，故称"白沙"，明代学者。成化进士，任翰林院检讨。学识渊博，诗文、书法俱佳，有"明代广东第一"之称。原台废圮，清乾隆时复建，同治年间因筑围墙涉讼，台被拆毁，后士林名流又集资重修，至光绪中竣工。台作半月形，垒石为基，围以铁栅栏，登台可尽览江门风光。民国初年，因辟马路又将台及中座建筑物拆去，仅存后座，于1948年重修。新中国成立后加建两条小走廊，并辟有陈白沙文物陈列室。

枣园革命旧址

在陕西延安城西北7.5公里处。又名"延园"。园内当时仅有少许房窑和树木花草，面积80亩。这里每年阳春三月，桃红柳绿，梨花如雪；九月重阳，红枣满树，桃李折枝。1940年，中央机关在园内开始兴建房屋窑洞，并增种了树木花草。以后，中共中央领导人毛泽东、张闻天、刘少奇、周恩来、朱德、任弼时等先后搬来这里居住，并成为中共中央所在地。这里的建筑物还有机要秘书办公室、作战研究室、行政办公室洋房3座，收发室6间，总务处一院平房6座35间。园外还有中央医务所旧址洋房1座。苏联医生阿洛夫曾在此居住办公。中共中央书记处1944年至1947年在此居住期间，继续领导了抗日战争和全党的整风运动及解放区的"大生产"运动，筹备了中国共产党第七次全国代表大会，并领导全党和全国人民为粉碎国民党反动派发动的全面内战作了充分准备。毛泽东同志1943年初到1945年底在此居住和工作期间，写下了《学习和时局》《抗日战争胜利后的时局和我们的方针》《关于重庆谈判》等著作。建国后按照原样修复。有毛泽东、张闻天、刘少奇、周恩来、朱德、任弼时的故居，书记处小礼堂旧址，以及幸福渠等。

武昌起义军政府旧址

又称"红楼"。在湖北武汉市阅马厂北端。原是清政府于宣统元年（1909年）所建的"湖北省咨议局"大楼。1911年10月10日，辛亥革命武昌起义成功，即在此组成革命军政府，颁发了第一号布告，宣布废除清朝帝制，建立中华民国，并通电号召各省起义。此楼两层，砖木结构，面阔73米，进深42米，门窗制作精致，墙壁装饰各种图案亦颇精巧，上层顶端正中有教堂式的望楼矗立，颇具西欧古典建筑的风格。其四周环以矮墙，院内佳木布秀，繁花织锦，益显瑰丽壮观。1981年在此建立"武昌起义军政府旧址纪念馆"，设有"辛亥革命武昌起义史迹展览"。院门处塑有孙中山铜像，身着长袍马褂，左手执杖，右手持帽，面南而立，凝视远方，仪表庄严安详。

青龙寺遗址

在陕西西安市东南郊铁炉庙村北高地上。建于隋文帝开皇二年（582年），原名灵感寺，唐睿宗景云二年（711年），改名青云寺。当时青云寺香火鼎盛，影响极大，开创"东密"的日本空海和尚便在此学法。唐代诗人朱庆余便有《题青龙寺》

一诗:"寺好因岗势,登临值夕阳。青山当佛阁,红叶满僧廊。竹色连平地,虫声在上方。最怜东面静,为近楚城墙。"赞叹其寺的风光。宋哲宗元祐元年（1086年）,寺院被毁。1981年,日本佛教界在遗址修起了空海纪念碑。

矿路学堂旧址

在江苏南京市中山北路283号,它附设于江南陆师学堂。江南陆师学堂是在中日甲午战争失败后,由两广总督张之洞于1890年奏请创办。一共办了4期,只有第二期附设矿路学堂。鲁迅从水师学堂退学后,考进矿路学堂。学校规模较大,原有轿厅、教厅、总办楼、饭堂、德籍教员楼、学生宿舍等。鲁迅在此学习了4年,接触了许多新知识、新思想,他的"灵台无计逃神矢,风雨如磐暗故园,寄意寒星荃不察,我以我血荐轩辕"的诗句（《自题小像》）,就是在这时写成的。现存有总办楼、教师食堂和德籍教员楼等。南京师范学院附属中学,是矿路学堂的一部分,现设有鲁迅纪念室以资纪念。

罗坊会议会址

在江西新余市罗坊陈家闹。为一厅二间的店房。1930年10月23日至30日，毛泽东在此主持了红一方面军总前委和江西省行委联席会议，简称罗坊会议。参加会议的有总前委成员和军以上负责人及江西省委负责人共10余人。朱德、彭德怀及党中央长江局代表周以粟也出席会议。通过了《目前政治经济形势与红一方面军及江西党的任务》的决议，反对"左"倾机会主义攻南昌、打九江、会师武汉的错误主张。毛泽东提出了"诱敌深入"的作战方针，为取得第一次反"围剿"的胜利奠定了基础。现会址保存完好。1971年在会议旧址旁建有罗坊会议陈列馆。

金田起义旧址

位于广西桂平县城以北24公里。金田起义是中国近代反封建、反侵略的农民战争的开端。道光二十三年（1843年），洪秀全、冯云山、杨秀清、萧朝贵、韦昌辉、石达开为首的领导集团，率领拜上帝会众与地方团练作斗争。1850年7月洪秀全号召会众到广西桂平县金田村集合，称为"团营"，即编制营伍，进行军事训练，建立太平军。1851年1月11日洪秀全在金田村举行武装起义，建号太平天国。当时，在金田韦昌辉家设拜上帝会机关，在韦家横屋开炉打铁，秘密制造武器。在犀牛岭营盘设起义指挥部。营盘是一个长方形土城，中央筑高台，台前有一块大石头，叫旗杆石，洪秀全在此领导太平军升旗誓师起义。营盘出口挖壕沟暗道，东通金田村，北通犀牛潭。营盘前方有纵横二三里的平坡，是太平军的练兵场。营盘北面山脚犀牛潭，传说起义前造的武器就藏在潭水中。村南4公里的新圩三界庙，是太平军作战指挥所，洪秀全在此指挥了新圩突围之战。庙内有清康熙道光年间碑刻23块，是研究当时社会政治、经济情况的宝贵资料。庙内还陈列了金田起义历史的文物资料。

岳飞抗金故垒遗址

在江苏南京牛首山东半山腰上。南宋建炎四年（1130年）四月间，金兵北撤，在建康城抢劫放火，南宋抗金名将岳飞闻讯后，追击并大败金兵于静安镇。金兀术遭击后，欲与岳飞决一死战。岳飞在牛首山设下抗金堡垒，并乘夜派兵混入金兵营中，袭击敌人，使其自相残杀。岳飞骑兵在金营外围捕杀逃窜之敌，兀术被迫逃往下关龙湾地区。接着岳飞又大败兀术于建康城外，俘获将领20余人，斩首3000余级。南宋著名诗人杨万里过牛首时，曾作诗一首："出了长干过了桥，纸钱风里树萧骚，若无六代英雄骨，牛首诸山肯尔高？"抗金故垒现存半月形的石垒残基1座，垒壁高低不等，平均在1米上下，长约1公里。

岳北农工会旧址

在湖南省衡山县白果镇，原名刘捷公祠，是湖南省重点文物保护单位之一。1923年春，刘东轩、谢怀德同志由党组织从水口山铅锌派来岳北地区开展农民运动。9月，在这里建立了著名的农民革命组织——岳北农工会，通过了反帝、反封建、反军阀的战斗宣言和开展各项革命活动的决议。随后，农工会领导当地农民群众进了平粜、阻禁、抗捐、抗税为主要内容的斗争。1927年1月，毛泽东同志考察湖南农民运动时，曾专程到此召开了农民干部调查会，热情地赞扬了岳北的农民运动，赞扬了岳北妇女反封建反族权的革命行动。旧址为砖木结构，是湖南农村常见的祠堂形式。二进三开间，石额刘捷公祠是原物。新中国成立后，旧址曾多次修葺。在北京中国革命博物馆也陈列有旧址的照片。

京汉铁路大罢工长辛店指挥部旧址

在北京市长辛店刘铁铺。1921年10月20日，长辛店京汉铁路工会和劳动补习学校，由祠堂口（旧名当铺口）1号迁到此地。不久，把工会改为京汉铁路长辛店的铁路工人俱乐部，发动和组织长辛店的铁路工人，进行了更大规模的经济斗争和政治斗争。1922年8月，中国劳动组合书记部总部主任邓中夏依靠工人俱乐部组织，发动和领导了长辛店铁路工人大罢工，迫使京汉铁路局答应工人的全部条件，对于促进全路工人的团结和北方工人运动的高潮起了重大作用。1923年2月4日，京汉铁路全路工人为争取成立总工会，反抗军阀的高压政策，举行政治大罢工。刘铁铺成为京汉铁路北段工人罢工的指挥部。2月7日早晨，长辛店工人为反抗军警逮捕工会干部，在刘铁铺集合了约2000工人，到设在火神庙的警察局抗议，遭到反动军警屠杀，被害者有葛树贵、辛克洪、杨诗田、赵长润、刘淀善、刘川田6人。同一天，江岸、郑州以及京汉沿线各站工人，也遭反动军阀屠杀，这次惨案全路共牺牲49人，这就是震惊中外的"二七惨案"。现指挥部旧址仍保持原貌。

京报馆旧址

在北京市西域区骡马市大街魏染胡同。旧址为一座灰砖二层西式楼房，是北京仅存的早期报馆旧址。《京报》创办人邵飘萍以振青署名题写的"京报馆"3个字，至今保存于楼门额上。《京报》创刊于1918年10月5日，馆址初在西域区珠朝街，只有编辑部，由其他印刷厂代印报纸。《京报》创刊时，正值北洋军阀统治时期，《京报》以犀利的文笔通过新闻报道和评论，揭露北洋军阀的反动统治和卖国罪行，欢呼十月革命的胜利，支持五四运动，遭到段祺瑞政府的查封。直到1920年下半年，段政府垮台，《京报》复刊，馆址迁到此地。在二七大罢工、五卅惨案和三一八惨案等革命运动中，《京报》支持人民群众的反帝反军阀斗争。1924年12月由孙伏园主编的《京报副刊》创刊后，鲁迅曾在该刊发表杂文。《京报》于1937年7月停刊。

郑成功水寨山故址

在福建东山县铜陵镇北面的九仙山。为历代军事要地。明嘉靖四十三年（1564年），戚继光剿倭寇，曾设水寨于此。永历三年（1649年），郑成功为收复台湾在此山安营扎寨，操练水师。1982年在山上"铜山石室"发现一块《仙峤记言》石碑，高171厘米，宽69厘米。碑文记载明永历六年（1652年）郑成功部将洪旭、张曲等42位捐银建观音堂之事。九仙山为东山著名风景区之一，摩崖石刻甚多，有"海天一色""定瑶仙峤""宦海恩波"等20余处。九仙石室为天然石洞，内壁刻"蟾宫"2个字。明大学士林文穆有《游九仙岩》诗："洞门六六锁烟霞，碧水丹山第一家。深夜寒泉流出月，晓天清露滴松花。"福建省人民政府拨款在山上建"东山县人民反抗外国侵略斗争纪念馆"。

羑里城遗址

位于河南汤阴县城北4公里。面积万余平方米，高出地面5米，是我国历史上有文字记载以来的第一座国家监狱所在地。商末，西伯姬昌（周文王）因遭殷纣王的疑忌，被囚于羑里。姬昌在被囚7年的岁月中，完成了《周易》（又称《易经》）

一书，成为儒家的经典著作，列为五经之一。羑里监狱废后，人们为纪念姬昌，在旧址上建立了文王庙。文王庙隐于柏涛之中，文静幽雅。今存庙宇，坐北向南，建于明嘉靖二十一年（1542年）的演易场立于南端。大殿基址位于神道正中，神道两侧，有一面阔3间的楼阁，传为姬昌演易处。林立在庙院中的碑刻，均是明以来的帝王、文武官员及文人学士颂扬文王的篇章，也有重修庙宇的纪念碑。著名的有《文王易》《乾隆诗碑》《嘉靖祭碑》《禹碑》等，均有较高的历史价值。

建宁革命旧址

在福建建宁县，地处闽赣交界。第二次国内革命战争时期中央苏区组成部分。县城溪口的天主教堂是中国工农红军第一方面军总司令部和总前委的旧址，又是毛泽东和朱德的旧居；旧县衙的白楼是周恩来旧居。1931年5月29日，中国工农红军第一方面军在建宁歼敌刘和鼎师7000余人，打破了第二次"围剿"。1932年和1933年，周恩来曾两次率领红军进驻建宁。

现在县里建有革命纪念馆，陈列展出文物 700 余件。

建松政苏维埃政府旧址

在福建政和县城西北凤池村。1928 年 8 月，在建瓯求学的政和县凤池村共产党员杨则仕，根据党的指示，返回家乡，组织青年革命团体"读书会"，进而成立赤色农民协会。1929 年 3 月间，在村内福王庵召开首次赤色农协代表会。7 月成立中共政和支部。1934 年 9 月底，在此召开建（瓯）松（溪）政（和）工农兵代表大会，成立闽东北地区第一个苏维埃政府。政府机关设在村内杨氏祠堂。祠堂建于清光绪八年（1882 年），新中国成立后做乡公所、大队部，现门口尚保留原样。

孟良崮战役遗址

在山东濛阴、沂南两县交界的沂蒙山区。孟良崮山势峻峭，主峰与大崮顶、芦山大顶鼎足而立，突兀于群山之上。

1947年5月14日，陈毅指挥中国人民解放军华东野战军，将进犯鲁南解放区的国民党整编七十四师围困于此。经两天三夜激战，全歼敌军，击毙敌师长张灵甫。沉重打击了国民党对山东解放区的重点进攻，对扭转华东战局起了关键作用。陈毅诗云："孟良崮上鬼神号，七十四师无地逃""华东战局看崮变，陕北军机运妙韬"。现战役指挥所、防空洞等故址犹存。山麓建有革命烈士陵园。

陕甘宁边区政府旧址

在陕西延安南关市场沟北，南坬村以南之间，现为延安地委、行署所在地。1937年9月6日，改中华苏维埃西北办事处为陕甘宁边区政府。1938年开始修建，先后建成石窑洞53孔，平房百余间。窑分三层，边区政府主席林伯渠、副主席李鼎铭住在第三层，其余为各厅、局办公室。现尚存凹字形石窑洞3排，并加层改建为职工宿舍。靠山脚处有一排5孔石窑洞，中间一孔为边区政府会议室，上刻"办公厅"。

陕甘宁边区参议会会址

在陕西延安凤凰山南麓的市场沟。原名陕甘宁边区礼堂，又称延安大礼堂。建于1941年，由陕甘宁边区政府主席林伯渠奠基。从1939年到1946年间，边区参议会在延安先后举行过三届（四次）大会，其中3次在此召开。

陕甘宁、晋绥联防司令部旧址

在陕西延安北关（今延安中学）。1939年9月成立，初叫陕甘宁边区后方留守处。1942年1月10日成立"陕甘宁、晋绥联防司令部"。贺龙、徐向前先后任司令员。原有窑洞房屋，现仅存贺龙、徐向前和司令部住过的一幢平房（包括警卫岗楼）和当年美军观察组来延安住过的8孔石窑洞。

城南书院遗址

在湖南长沙市书院路，今湖南省第一师范学校所在地。书院为南宋理学家张栻所创建。张栻（1133—1180年），字敬夫，又字乐斋，号南轩，世称南轩先生，汉州绵竹（今四川绵竹）人，宋代理学家。历任吏部侍郎兼侍讲、知江陵府兼湖北路安抚使、右文殿脩撰提举武夷山冲佑观。卒后谥宣。与朱熹齐名并友好，同为南宋道学大师。有《论语解》《孟子说》《诸葛武侯传》《南轩集》等。绍兴年间，张栻随同父亲到任寓居城南时建书院。张栻即在此讲学，院名改城南书院，由张浚手书。乾道时，朱熹来长沙，与张往来讲学于岳麓、城南两书院。从学者先后以千数，为湖南造就了很多人才。南宋后，书院为僧率势家所据。至清乾隆时在天心阁下都司废署开书院，将张浚所书"城南书院" 4个字摹刻门首，虽仍书其名，已非其地。嘉庆年间在妙高峰下寻得书院旧墙基址，乃捐资又复建于原处。清末，改城南书院为湖南省师范学堂。辛亥革命后，又改为湖南公立第一师范学校，并仿照日本青山师范修建新校舍，抗日战争中被毁。新中国成立后，学校迁回。1968年，在其遗址上进行了复原重建，面积14428平方米，仍为湖南省立第一师范学校。

柏露会议会址

在江西宁冈县城东北45公里的柏露村。原是一家二层楼的店铺。四周群山环抱，地势险要，后面是黄洋界，前面是一条小溪。1929年1月4日，毛泽东在此主持了前委、特委、军委和地方党组织负责人的联席会议，朱德、彭德怀、陈毅、谭震林等60多人出席会议。会上讨论了党的"六大"的文件和决议，着重研究了巩固井冈山革命根据地、粉碎敌人第三次"围剿"的问题，决定红四军主力向赣南闽西进军，留彭德怀领导的红五军坚守井冈山。并通过了毛泽东给中央的报告（即《井冈山的斗争》）。

赵子谦故居遗址

在浙江绍兴市东街 515 号。为清代篆刻家、书画家赵子谦的纪念建筑。赵子谦（1829—1884 年），初字益甫，号冷君，后改字叔，号悲盒，又有孺卿、铁山、憨寮、无闷、梅盒等字号，浙江绍兴人，清代篆刻家、书画家。咸丰举人，曾任鄱阳、奉新知县。书法专意北碑，画花卉木石，亦从书法出之，独具面目，为清末写意花卉之始。篆隶师邓石如，自成一家。有《二金蝶堂印谱》《勇卢闲话》《悲盒居士诗》《六朝别字记》《补寰宇访碑录》等。原屋坐北朝南，共 5 进，已圮。现尚存水井一眼，八角形井圈，高 0.47 米，边宽 0.31 米。

省港罢工委员会旧址

在广东广州市东堤东园横路。1925 年 6 月 19 日，为抗议帝国主义制造的上海五卅惨案，在中国共产党领导下，爆发了省港大罢工。25万香港工人和沙面洋务工人组织起省港罢工委员会，选出苏兆征为委员长，李森为干事局长，聘请邓中夏、廖仲恺等为顾问。罢工委员会有工人纠察队、会审处、监狱、《工人之路》日报、医院、学校和各种必要的办事机构，又以罢工工人代表大会为最高议事立法机关。罢工长达一年零四个月，给帝国主义以沉重打击，并促进了革命力量的发展，巩固了广东革命根据地。罢工委员会系利用荒废的东园游乐场作办事处。1926年冬，东园被反动分子纵火焚毁，仅存门楼和部分围墙、树木。门楼上刻着"东园"。

贵生书院遗址

位于广东徐闻县城西门塘畔，是明代著有《牡丹亭》《紫钗记》的大戏曲家、文学家、诗人汤显祖捐资创办的。距今已有近400年历史。书院原分博学、审问、慎思、明辨、笃行、格物、致知、诚意、正心、修身、齐家、治国12间课堂。长屋前后和屋尾各有厢房1间，四面有围墙，是典型的古典学堂建筑。为纪念汤显祖对文化发展和传播的不朽贡献，现按照原貌设计重修贵生书院。

秋女烈士祠遗址

在湖南长沙市黄泥街含英里。为中国近代民主革命家、教育家、诗人秋瑾的纪念建筑。秋瑾（1875—1907年），字璿卿，号竞雄、鉴湖女侠，浙江绍兴人，近代女诗人、教育家、民主革命家。曾留学日本，参加光复会、同盟会。后在上海筹办公学，创办《中国女报》。1907年与徐锡麟共谋起义，事发被捕，就义于绍兴轩亭口。善诗歌，亦能词。早期作品多写景咏物，后期作品激昂慷慨，洋溢爱国热情。有《秋瑾集》。秋瑾1890年随父居湖南，后依父母之命嫁湘潭王延钧。1904年东渡日本留学，1907年7月13日在绍兴被捕。时前湘军统领陈湜之子陈国栋系浙江候补道，力促浙江巡抚处斩秋瑾。辛亥革命后，湖南同盟会将陈湜在长沙的宅第花园改为"秋女烈士祠"。1938年毁于长沙大火，仅存遗址。

秋收起义文家市会师旧址

在湖南浏阳市东南,邻接江西省。旧址前及两侧为开阔田野,后面山峦起伏,地势险要,特产丰富,昔为湘赣边区军事要地。1927年中共中央八七会议后,毛泽东以中央特派员的身份回湖南,组织工农革命军,9月9日发动了湘赣边秋收起义,部队于19日集结于此。当晚,毛泽东在此主持召开了前敌委员会会议,决定改变攻打长沙的计划,向罗霄山脉中段进军。翌日,部队在操坪举行会师大会。会后,开始向井冈山进军。旧址原为文华书院,创建于清道光二十一年(1841年),有前殿、文昌阁、后殿、东斋、西斋等建筑物。当年起义部队写的革命标语保存完好,附近还有高升岭战斗遗址。河口大屋革命漫画可供参观,旧址内另辟有湘赣边秋收起义文家市会师历史事迹陈列馆。

秋收起义第三团团部旧址

在江西铜鼓县城南的萧家祠。是一栋三进的大祠堂。堂前铜鼓河潺潺流过，风景怡人。1927年9月上旬，毛泽东从安源经浏阳张坊到铜鼓时住此，发动和领导了秋收起义。9月10日，在此召开了干部会。毛泽东在会上传达了党的八七会议精神，指明了中国革命的前途，论述了秋收起义的重要意义。并将浏阳农军改编为工农革命军第一军第一师第三团，号召大家拿起枪，举行起义。萧家祠有100多年历史，1969年维修后，恢复了原貌。1977年9月，在旧址旁建有秋收起义纪念馆。

重庆《新华日报》营业部旧址

位于重庆市市中区民生路。1986年10月25日修复开放。《新华日报》1938年1月11日创刊于武汉。同年10月25日移至重庆出版发行。1947年2月28日被国民党强行停刊。《新华日报》营业部是当年公开发行《新华日报》和国内进步书刊的地方，也是中共南方局进行革命活动的秘密联络点之一。周恩来、董必武、王若飞、邓颖超等老一辈无产阶级革命家，都曾在这里多次接见国统区各界知名人士，联系地下党员、进步学生，广泛开展抗日民族统一战线活动。修复后的《新华日报》营业部旧址，恢复了1948年前的原貌。

独乐园故址

在河南洛阳市南约6公里的独乐园村。熙宁年间司马光为西京（洛阳）判官，在尊贤坊置地筑别墅"独乐园"，周围引水环绕，内植绿竹和牡丹。园内建有读书堂，藏书5000卷，为司马光读书写作处。司马光（1019—1086年），字君实，陕州夏县（今山西夏县）人，北宋史学家。宝丰进士，由地方官入京，历任天章阁侍制兼知谏院、龙图阁直学士、枢密副使等。因反对王安石变法，辞归洛阳，居15年，撰《资治通鉴》。后出任尚书左仆射兼门下侍郎，恢复旧制。所著《资治通鉴》上起公元前 403 年（周），下迄公元 959 年（后周），年经事纬，史实系统而完备，为其后历代封建统治者鉴戒。诗文有《司马文公集》。书堂南有屋一楹，名弄水轩。其还在园中筑见山台，以望万安、太室诸山。在此团司马光编成了史学巨著《资治通鉴》。今园中景物无存，仅存故址。

闽东土地革命领导机关旧址

在福建福安县溪柄镇柏柱洋墩面村、晒日山、狮峰寺。为土地革命时期闽东党、政等领导机关所在地。1934 年 2 月、6 月先后成立闽东苏维埃政府和中共闽东特委，坚持闽东土地革命斗争。特委设在村中央一座二进民房里。现房壁上，尚存反动派反攻倒算时书写的反动标语。闽东苏维埃政府设在附近另一座民房，其东厢壁上，尚存革命标语两条。共青团闽东特委会和妇女会，分别设在相邻的两座民房。1984 年 7 月，在墩面、狮峰等地立中共闽东特委、闽东苏维埃政府、闽东红代会总部和闽东分田斗争 4 座纪念碑。

闽北苏维埃政府旧址

在福建崇安县城西北 30 公里的洋庄乡大安村。四面丛山环抱，是江西进入福建的首要山镇。1931 年 12 月到 1932 年 8 月、1934 年秋至 1935 年初，闽北苏维埃政府、闽北分区委机关驻此，为闽北苏区政治、经济、文化中心。当时，这里创办有党校、军校、列宁师范学校、红军家属学校。附近的范畲、乐尚坪、磨石坑等村，建有兵工厂、炸药厂、军服厂、残废院。原大安街尾水口处筑有城墙，大操场后面建有革命烈士纪念塔，后均被国民党反动派捣毁。

"语丝社"旧址

在北京市内景山以东的沙滩北京大学红楼内。中国近代伟大的文学家、思想家、革命家、新文化运动的旗手鲁迅当年在北大国文系任教，在红楼二楼扶梯对面的房中休息。后此房为文学组织"语丝社"社址，鲁迅常在此和同学们谈话。《语丝》是综合性周刊。1924年11月在北京创刊。语丝社编辑鲁迅、孙伏国、钱玄周、周作人等为主要撰稿人。以发表杂感、短评、随笔为主，兼及其他形式的文艺创作和有关社会历史的研究文章。1927年被张作霖查禁。同年底改在上海出版，鲁迅、柔石一度担任主编。1930年3月因成员思想分歧停刊，共出5卷，260期。

觉悟社旧址

在天津河北区宇纬路三戒里4号。是坐东朝西、七间青砖木结构平房组成的小宅院。觉悟社是五四时期周恩来领导的天津爱国学生进步组织，也是中国共产党成立前最早传播马克思主义的革命团体之一。成立于1919年9月16日。参加觉悟社活动的，有当时天津学生联合会和天津女界爱国同志会的进步青年骨干周恩来、邓颖超、郭隆贞、马骏、刘清扬等。本着

"革新""革心"的精神，以"自觉""自决"为主旨。1919年9月21日，我国早期的马克思主义者李大钊曾到天津，给觉悟社以鼓励和支持。院内东面两间为社员开会、学习和出版社刊《觉悟》的地方。

贺龙指挥部旧址

在江西南昌市子固路（现改名星火路）85号。为1927年八一南昌起义纪念建筑。原为中华基督教圣公会宏道堂，前面是教堂和宏道中学教室，后面一栋三层楼房是牧师的住室兼办公室。贺龙率领的国民革命军第二十军指挥部就设在后三楼第二层楼内。八一起义时正值暑期，师生不在校，二十军参谋部和部分队伍都驻在校内，贺龙、刘伯承的办公室和卧室也分别在二三楼。起义时，贺龙站在指挥部庭院石阶上，在离敌不到200米的地方指挥战斗。当年教堂门楼上的弹痕，仍清晰可见。

莱芜战役指挥所旧址

在山东莱芜市东南 25 公里石湾子村，为一四合院式民房。村南、北、西三面环山，村东有一南北流小河，环境隐蔽。现有公路南通新泰，西达莱芜。1947 年初，国民党军 31 万余人分南北两线进犯山东解放区，陈毅、粟裕指挥华东野战军以少数兵力阻击南线之敌，同时集中优势兵力兼程北上。于 2 月中旬，将北线孤军深入的国民党军包围于莱芜城北。战役自 2 月 20 日至 23 日，歼敌 6 万余人，俘敌徐州绥靖公署第二绥靖区副司令官李仙洲，收复城市 13 座，取得光辉战绩。1979 年旧址维修复原，陈列有关莱芜战役的文物。

莱芜战役"陈毅指挥所"遗址

位于山东泰沂山区莱芜东部的石湾村东头。1947 年 2 月，华东野战军在陈毅、粟裕、谭震林同志的指挥下，为粉碎国民党反动派对山东解放区的重点进攻，在这里进行了莱芜战役。当时华野的指挥机关就设在这里，人们亲切地把莱芜战役指挥所称为"陈毅指挥所"。"陈毅指挥所"是一座古老的四合院。大门的东墙壁上镶嵌着一大理石碑，上面镌刻着："全省重点文物保护单位莱芜战役指挥所遗址。"大门的影壁墙上是陈毅元帅为莱芜大捷写下的豪迈诗篇：

淄博莱芜战血红，

我军又猎泰山东。

百千万众擒群虎，

七十二崮志伟功。

鲁中霁雪明飞识，

渤海洪波唱大风。

堪笑顽酋成面缚，

叩头请罪詈元凶。

四合院已辟为文物陈列室和展览室。室内陈列有影印的毛主席代表中央军委对莱芜战役的两次手书电报指示和作战方案，作战地图及3个命令（预备命令、行军命令、作战命令），有陈（毅）、粟（裕）、谭（震林）首长在莱芜战役期间的照片、作战日记，以及当时使用的长案、桌椅、床铺、电话、笔筒等生活用具。5间北屋是指挥所的中心部分，当年陈、粟、谭首长以伟大的战略胸怀和杰出的军事才能，在这里调动千军万马。1947年1月底，侵犯解放区的国民党军被歼灭40多个旅以后，全面攻势已趋衰竭。蒋介石为了挽回军事上的失利，集中兵力，拼凑了53个旅30万人马对山东解放区发起重点进攻。敌参谋总长陈诚亲自指挥，从陇海线、胶济线、津浦线摆开三面包抄、南北夹攻的架势，妄图将华东野战军主力消灭于沂濛山区。在中央军委的指示下，华东野战军司令员兼政委陈毅、副司令员粟裕、副政委谭震林面对国民党军的嚣张气焰，毅然放弃山东解放区首府临沂，以一部分兵力阻击南线之敌，主力则秘密北上莱芜歼击南下之敌，把数万敌军引入仅仅10公里的狭长山谷地带。整个战役从2月20日打响，至23日胜利结束。从此我军掌握了山东战场的主动权，华东战场转向了战略反攻阶段。"陈毅指挥所"遗址像一座革命的丰碑，记载了当年感日月、泣鬼神的壮举。

黄桥决战革命旧址

在江苏泰兴县黄桥镇。抗日战争时期，国民党顽固派发动的第一次"反共"高潮被打退后，将摩擦中心由华北转向华中，不断配合日伪军进攻新四军。1940年10月，又称"苏鲁战区"的部队，由海安、曲塘、泰州分三路向黄桥地区的新四军进攻，企图消灭新四军苏北部队。新四军苏北指挥部，遵照中国共产党的统一战线政策和"人不犯我，我不犯人；人若犯我，我必犯人"的自卫原则，针对国民党内部派系斗争情况，争取了泰州、姜堰等地的苏鲁皖游击纵队和税警总队保持中立；同时集中主力，将自海安、曲塘南犯的第八十九军和独立第六旅等国民党军15000余人诱至黄桥附近，分割包围，各个歼灭，6月又在追击中歼其残部于营溪，并乘胜攻占海安、东台等地。黄桥战役的胜利，奠定了苏北抗战的局面，对进一步发展华中人民抗日力量，开展华中战局具有重要意义。革命旧址分多处。黄桥镇中学内（今称东进中学）的工字形二层教学楼，为新四军苏北指挥部。黄桥镇米巷街 8 号通如靖泰临时委员会（原丁力昌花园）内的小方厅（又名桂花厅），是当年陈毅的卧室和办公处。黄桥镇五金厂仓库，原为黄桥决战前沿指挥部即三纵前线指挥部，是一座小阁楼。黄桥镇文化站（原何氏宗祠）是黄桥决战时的支前委员会，现尚存门堂、楼厅和厢房等。1980 年 10 月，黄桥决战 40 周年时新四军黄桥革命历史陈列馆筹备处，原通如靖泰临时委员会旧址内举办新四军黄桥决战革命历史陈列，并随同旧址开放。

梦溪园遗址

在江苏镇江市区东南隅。为北宋科学家沈括晚年寓居之所。沈括（1031—1095 年），字存中，钱塘（今浙江杭州）人，北宋科学家。历任沭阳主簿、宁国县令、昭文阁校勘、翰林学士、权三司使、鄜延路经略安抚使等职。曾提举司天监，改制浑天仪、景表、五壶浮漏等仪器，编《奉元历》。熙宁时出使辽国，著《使契丹图抄》。晚年居润州（今江苏镇江）梦溪园。对天文学、数学、矿业、医药学、生物学、物理学等，都有卓越成就。著作共40种，今仅存《梦溪笔谈》《良方》等数种。寓所由其本人设计建造。园中有山丘小溪，百花巨树，因小溪名梦溪，故名"梦溪园"。《梦溪笔谈》即在此写成。后此园毁坏，仅存梦溪严家巷，示其故址。

捻军起义旧址

在安徽涡阳县城内。即旧雉河集山西会馆。清咸丰五年（1855年）八月，捻军各支起义首领数百人，在此举行有名的雉河集会议。决定成立大汉国，公推张乐行为大汉盟主，号大汉明命王，议定五旗军制和五旗首领。统一了领导与指挥的军事体制，结束了"居则为民，出则为捻"的流散状态，把捻军活动推向新的发展阶段。会馆早年被清军焚毁，仅存"山西会馆"石额一方，石狮、石鼓各1对。1962年在此建立捻军史料陈列室。

教育会坪旧址

在湖南长沙市教育街。原系清康熙时湖湘书院遗址。雍正元年（1723年），改书院为贡院。雍正二年，湖南乡试在此举行。光绪二十七年（1901年），湖南最后一次乡试，亦在此进行。后改贡院为学校。1907年前后，划原贡院之地创设湖南教育会。这一带就称为教育会坪，成为群众集会的一个重要场所。1922年12月8日，在毛泽东、罗学瓒的领导下，长沙人力车工会在此集会，庆祝成立。1927年四一二反革命政变后，14日，湖南农工商各界发起10万人示威和第二次铲除反革命分子示威大会，都在此举行。1930年7月27日，彭德怀率领红三军团攻克长沙。8月2日，在这里集会庆祝八一南昌起义三周年和湖南省苏维埃政府成立大会。1931年至1932年，继九一八、一·二八事变之后，湖南各界在此举行反对日本帝国主义侵略的示威大会。1938年11月长沙大火后，周恩来领导和调集八路军驻湘办事处及国共合作的政治部第三厅所属抗敌宣传队、演剧队等单位工作人员，在教育会坪等3处，给10万灾民发放救济金，鼓舞长沙人民抗日救国。现这一带为湖南省教育厅、湖南省文化局、湖南省农业厅等机关驻地。之前贡院门前的石狮，保存在中山路的街心花圃中。一块"贡院巡道街宽壹丈壹尺"的石碑，镶嵌在湖南省农业厅东外墙上。

第二次全国工农代表大会礼堂旧址

在江西瑞金沙洲南的老茶亭，与新茶亭隔岗相望。占地1531平方米，上下两层，可容2000余人。1933年8月始建，12月底落成，土木结构。大礼堂后面建有防空洞。1934年1月21日至2月1日，中华苏维埃第二次全国工农代表大会在此召开。出席代表776人。会上毛泽东做了《我们的经济政策》和《关心群众生活，注意工作方法》的报告，同时印发了《长冈乡调查》和《才溪乡调查》，总结了土地革命和根据地建设的经验，通过了修正的宪法大纲及各项决议、决定。大会选出了新的政府机构，毛泽东继续当选为中央执行委员会主席。

1934年10月18日，红军北上后，礼堂被敌人破坏。1956年按原貌修复，陈列当年大会的珍贵文物资料。

船山学社旧址

在湖南长沙市中山东路湖南自修大学旧址。1914年刘蔚卢等人为纪念明清之际思想家王船山，阐扬其思想，将清光绪初所创思贤讲社，改立为船山学社于此。旧址单层三进四合院，砖木结构，山字墙，小青瓦，朱漆门窗，方砖地，面积991.14平方米，于闹市之中显得非常雅致。1921年毛泽东、何叔衡等为集合人才，造就干部，利用船山学社的社址和经费，由蔡元培命名创办自修大学，李达为校长，李维汉、夏曦、夏明翰等在这里工作过。1923年11月，自修大学被军阀赵恒惕封闭。1938年毁于长沙大火。1954年复建部分房屋。1964年后，旧址经多次维修已对外开放，门首有毛泽东所题"船山学社"摹塑字。

惜阴书院遗址

在湖南长沙市惜阴街。为纪念陶侃而建。陶侃（259—334年），字士行，庐江寻阳（今湖北黄梅西南）人，东晋大臣、学者。曾任郡吏、广州刺史，征西大将军、侍中、太尉等职，都督荆、交八州军事。为政缜密，勤于职守，提倡教育，常勉人惜寸阴，毋饮酒赌博。因陶侃曾封为长沙郡公，居官有善政，常语人曰："大禹圣者，乃惜寸阴，至于众人，当惜分阴，岂可逸游荒醉，生无益于时，死无闻其后，是自弃也。"郡人念其功德，故建祠以祀。明嘉靖年间，知县吕廷爵塑陶侃像于祠中，名"惜阴书院"。现其遗址上建有惜阴街小学。

鸿门遗址

在陕西临潼区新丰镇东南，今仍沿称为"鸿门堡"。此处地势崇峻，山岭西接灞原，岭间沟堑作门形，故称鸿门。秦末项羽曾在此驻军，故又名"项王营"。秦二世三年（前207年），沛公刘邦攻克咸阳，还军灞上。十二月，项羽入关至戏下，两军相距40里。项羽欲以武力消灭刘邦。二人相会于鸿门，在此举行了著名的鸿门宴。项羽谋士范增屡欲乘机杀死刘邦，幸得勇士樊哙与项羽部下项伯护持，刘邦方免于难。这一重大历史事件，使鸿门彪炳史册。现仍有遗迹可寻。

淮海战役总前委旧址

在安徽淮北市濉溪县临涣集文昌宫和临涣集东南5公里的小李家庄。文昌宫始建于唐，原名昌帝庙。淮海战役，是解放战争时期，中国人民解放军在淮海地区（以徐州为中心，东起海州，西到商丘，北至临城，南达淮河）歼灭国民党军的重大战役。1948年11月16日，中共中央革命军事委员会决定由刘伯承、陈毅、邓小平、粟裕、谭震林组成总前委，邓小平任书记，统一领导中原野战军和华东野战军。总前委曾在这里召开军事会议，制定淮海战役作战方案。淮海战役第二阶段（即全歼敌黄维兵团）战斗一打响，总前委即迁至小李家庄，直到1949年元旦前后迁驻河南商丘张菜园为止。文昌宫内现存三明二暗五间房屋，小李家庄尚存总前委开会用的部分文物。邓小平、刘伯承、陈毅等老一辈无产阶级革命家曾在这里度过日日夜夜，运筹帷幄，指挥千军万马，取得了淮海战役的决定性胜利。

隋唐洛口仓遗址

又名兴洛仓。在河南洛阳市东北约65公里，巩县窑湾村东、沙鱼沟村西一带。洛河在其西侧注入黄河，水运方便。周转20余里，穿窖3000，每窖可容粮食8000石。在窑湾村东北七里铺大沟北岭上，曾发现长100余米，宽10米许的一段城墙，最高达4至5米，有大量隋唐时期的砖瓦、陶片等，为研究洛口仓提供了重要线索。洛口仓创建于隋大业二年（606年）。大业十三年瓦岗农民起义军曾攻克洛口仓，开仓济民，并扩建洛口仓城，又临洛河筑偃月城。瓦岗军首领李密取得全军领导权，在此建国号魏，年号永平。唐开元二十一年（733年），此处置建粮仓，仍名洛口仓。

焦山抗英炮台遗址

在江苏镇江市东北长江中焦山东麓。鸦片战争发生后，清政府在焦山安设炮位。1842年7月15日，英军舰"弗莱吉森号"向焦山侦察时，遭到焦山和东码头炮台守军的轰击。道光二十五年（1845年），重建焦山和象山的炮台，焦山8座，象山11座。至光绪六年（1880年）又改建为明台，并在山顶坛建明台1座。炮堡呈椭圆形，最长处为77米，最宽处为55米。共有8个，以条石为基，然后用三合土分层浇灌而成。焦山炮台是目前保存较完整的近代炮堡遗址之一，现已整修并对游客开放。鸦片战争中的两门抗英大炮，由南京博物馆按照出土的道光23年万斤铁炮复制而成。1990年6月4日放于此，它包括炮身、炮车、炮架三部分。

鲁迅艺术学院旧址

简称"鲁艺"。在陕西延安东郊约 10 公里的桥儿沟。1938 年 2 月创办，是一所综合性的艺术学院。当时陕甘宁政府为纪念中国近代伟大的文学家、思想家、革命家、新文化运动的旗手鲁迅对中国文学艺术的杰出贡献而以其笔名命名。原在延安旧城北云梯山半腰处，1939 年迁至桥儿沟。毛泽东在鲁艺成立一周年纪念大会上题"抗日的现实主义，革命的浪漫主义"。周恩来在观看《黄河大合唱》之后题词："为抗战发出怒吼，为大众谱出呼声。"旧址现存两排 14 孔青石窑洞，音乐系教研室，教室和一排 7 间平房。其中包括冼星海故居（2 间平房）。

腊子口战役遗址

在甘肃迭部县城西北约 120 公里的迭山，属岷山山脉。甘肃南部的天然屏障。两壁峰峦对峙，高耸入云，隘口宽仅 10

余米，悬崖峭壁间腊子河水深流急，抬头只见青天一线，地势十分险峻。民谚有"人过腊子口，象过老虎口"之说，俗称"天险"，是四川通往甘肃的隘口。1935年9月，中国工农红军在二万五千里长征途中越过雪山草地，进迫腊子口。国民党军队以三个团之兵力控制腊子口峡谷和周围高山，企图阻止红军北上。红军于9月16日展开始夺桥战斗。最初以一个连从正面强攻多次，未能奏效。当夜以一个连从正面佯攻，以两个连用绳带攀登峡谷东侧悬崖陡壁，迂回到敌人侧后，占领了制高点。17日拂晓，突然发起攻击，歼敌一部，夺取了通过腊子口的必经之路河上小桥。残敌逃向第二道隘口，企图凭险继续顽抗。红军乘胜猛追，一举将其击溃，全部攻占了腊子口，打开了通往陕甘革命根据地的胜利道路。毛泽东《长征》诗有"更喜岷山千里雪，三军过后尽开颜"句。

谢朓北楼遗址

在安徽宣城市北。始建于唐初，为纪念南北朝时文学家谢朓而建，名为北楼。后因李白作有名诗《秋季登宣城谢朓北楼》而被称作谢公楼。谢朓（464—499年），字玄晖，陈郡阳夏（今河南太康县）人，南北朝时著名诗人、文学家。曾任宣城太守，世称谢宣城。又因与南朝宋诗人谢灵运同族，故称"小谢"。其山水诗成就很高，风格清俊飘逸。现存有《谢宣城集》五卷。谢公楼后历代皆有修缮或更建。清光绪元年（1875年）宣城知府鲁一负重修，为上下两层，上层略小，门上楼额为"叠嶂楼"，下层门上横额则为"谢朓楼"。楼总称北楼，砖木结构，呈四方形，正面朝南，飞檐翘角，楼上四壁嵌有许多碑刻，均为历代文人名士吟咏北楼、怀今谢朓和李白的诗赋及修葺碑记。1937年秋被日军飞机炸毁。现在遗址上建有烈士纪念塔。有关部门正拟重修北楼，再现昔日"窗列远岫""独占江山"的名胜风采。

湖南自修大学旧址

在湖南长沙市中山东路。湖南自修大学是毛泽东、何叔衡、易礼容等利用船山学社的房屋及经费,于1921年8月开办的。蔡元培为学校命名,李达为校长。李维汉、夏曦、夏明翰等均曾在校工作。该校采取古代书院及现代学校二者之长,取自修的方法,研究各种学术,造就人才。1922年9月,附设补习学校和初中班,吸收工农青年学习革命理论,在培养革命干部方面做出了重要贡献。1923年11月,军阀赵恒惕以"自修大学所倡学说不正,有关治安"为借口,将其封闭。1954年,在其旧址上进行了重建。旧址门首"船山学社"4个字是毛泽东题写的。内有当年毛泽东、何叔衡、湖南学联等办公旧址,并陈列有部分学员的学习笔记、论文和照片。1964年对外开放。

湖南通俗日报社遗址

在湖南长沙市理问街(今蔡锷中路)。《湖南通俗日报》1912年至1942年在长沙出版,是新中国成立前湖南历史最久的通俗报纸。辛亥革命时,湖南军政府内设立演说科,到街头向人民宣传革命，不久即出版《演说报》。以后改名《湖南通俗教育报》《湖南通俗报》《湖南通俗日报》。当时各报都用文言文，只有此报用白话文编写。1920年9月至1921年6月，由何叔衡主办，谢觉哉主编，毛泽东、郭亮等都曾为该报写过文章。北伐战争期间，由共产党员熊亨瀚、曾三等人主编。是当时湖南革命报纸之一。现遗址建有学校。

湖南省工团联合会遗址

在湖南长沙市宝南街鲁班庙。原是长沙泥木工封建行会驻地。1922年10月6日至24日，长沙泥木工人大罢工在此进行组织、发动工作。在毛泽东领导下，6000名泥木工人得到全市很多行业和粤汉铁路工人的声援，经过斗争，罢工取得了胜利。此后，湖南工人运动获得迅速发展。同年11月，在长沙新河召开了全省工团联合会代表大会。出席的工会组织有粤汉铁路总工会、粤汉铁路岳州工会和新河工会，安源路矿、水口山铅锌矿工人俱乐部等，代表3万多工会会员，成立了湖南省工团联合会，毛泽东和郭亮当选为正副总干事长。1926年8月，工团联合会改组为湖南省总工会，会址亦设于鲁班庙。1927年1月，迁至东茅巷一栋两进两层的西式房。原建筑物毁于1938年长沙大火，现新建长沙市建筑工人俱乐部。

湖南省农民协会遗址

原在湖南省长沙市小东街（即今中山西路红旗剧院），后迁局关祠（即今十四中学内）。1926年下半年，湖南农民运动高涨。是年12月1日至28日，湖南省第一次农民代表大会在长沙召开。大会接受中国共产党政纲，通过《湖南省第一次农民代表大会宣言》和减租减息、解散团防、铲除贪官污吏土豪劣绅、组织农民自己武装等33个决议案。大会期间，毛泽东应邀回湘，在欢迎和闭幕会上做了两次重要讲话，指出国民革命的中心问题，就是农民问题。会议选出农民协会的执行委员，正式成立湖南省农民协会。旧址毁于1938年长沙大火。

湖南省临时苏维埃政府遗址

在湖南长沙市黄兴北路湖南省商会内（现为大众电影院）。1930年7月27日，彭德怀率领红三军团攻占长沙城，7月30日，成立湖南省临时苏维埃政府，李立三为主席，杨幼麟任副主席。随即发布了《暂行劳动法》和《暂时土地法》，动员城市贫民和郊区农民及俘虏兵参加红军，没收帝国主义和地方豪绅财产分发给贫苦人民。8月5日，红三军团退出长沙，省苏维埃政府同时撤走。原建筑物早毁。

葵园遗址

在湖南长沙市稻谷仓，为王先谦故宅遗址。因其号葵园，故名之。王先谦（1842—1917年），字益吾，别字逸梧，号葵园，湖南长沙人，近代学者。清同治进士，曾任国子监祭酒、江苏学政、长沙岳麓书院院长等职。毕生勤于著述，罗致文士，从事古籍编校刊印工作。故宅原坐北朝南，门前有自题"葵园"二字，宅中刊刻收集碑石甚多。现除少数为文物单位收藏外，多已无存。基宅第亦毁，故址建有一所中学。

解放日报社旧址

在陕西延安清凉山的半坡和岩底。延安《解放日报》是中共中央在延安时期的机关报，1942年9月，兼中共中央西北局机关报的任务。1941年5月16日创刊，1947年3月27日党中央撤离延安停刊。报社大门上的"解放日报"4个字石刻，是毛泽东手迹。现仍保存完整。现存解放日报社编辑部的10孔石砌窑洞是1964年底照原样修复的。

靖边营遗址

在黑龙江依兰县城东15公里的松花江南岸。是清代光绪年间，中国人民抗击沙俄入侵的江防军事要塞。光绪六年

（1880年）五月，清政府派督办吉林边务大臣吴大征会同吉林将军铭安，在巴彦哈达设"绥字一军"，建营5座，称靖边后路营，俗称"靖边营"。驻扎兵勇2500余人。光绪九年（1883年），清政府在靖边营东北1.5公里的松花江畔，修筑巴彦炮台1座，安铜炮5门，炮台两侧设大小火药库6座，兵房10间。同年，在松花江与巴彦通之间，安设拦江大铁索。右岸台地设护江关。光绪二十六年（1900年）七月，靖边营清军和当地人民曾3次沉重打击沙俄侵略军，击毙沙俄上校运输官维尼柯夫，击毁和击沉沙俄"齐必斯号""奥德萨号"等船舰。现靖边营遗址犹存，每座营址呈正方形，边长1000米，高约3米，营墙夯筑。靖边营的4大哨所分别设于东、南、西三面山头。巴彦洒炮台是用石灰砂浆灌筑成，遗迹尚存。

新四军军部旧址

位于安徽省泾县西25公里云岭。1938年7月至1941年1月新四军军部设此。中共中央东南局也同时设此。云岭是个山明水秀的好地方。三面环山，一面依水，峰峦起伏，松竹掩映。叶挺有诗赞道："云中美人雾里山，立马悬崖君试看，千里江淮任驰骋，飞渡大江换人间。"1939年2月，周恩来同志受党中央委托，绕道广西桂林等地，跋涉数千里，风尘仆仆来此视察，在云岭工作了17个日日夜夜。旧址有参谋处、政治部、大会堂、战地服务团、抗敌报社印刷所、械修所、抗日殉国烈士墓、叶挺旧居、叶挺桥和中共中央东南局10余处。参谋处位于云岭山下罗里村。原为一座老式的地主庄园（名种墨团），有41间楼房和一个小花园。军部参谋处和军长叶挺均住于此。第一进大厅为司令部会客室，军负责人在此会见中外来访者。

大会堂位于云岭山下云岭村陈氏宗祠。新四军军部在云岭期间，这里是各种重大会议和文化娱乐活动的主要场所。周恩来同志来云岭视察期间曾在此做过报告。政治部位于云岭山下汤村。原为一幢三间两厢双进厅房。军部政治部及政治部正副主任袁国平、邓子恢均住于此。叶挺桥在新四军军部旧址东首叶子山下叶子河上。原有2尺宽的小木板便桥。因军民来往不便，1939年4月，叶挺军长亲自设计、现场指挥，由军部出钱建造了一座10米长、2.7米宽的大木桥，桥上有叶挺题"军民合作、抗战到底"8个大字。当地人民为纪念叶挺，称为"叶挺桥"。抗日殉国烈士墓在新四军军部旧址2.5公里的山岗上。新四军军部在云岭期间，前方阵亡将士遗体葬此山上。新中国成立后，将坟归葬，修起一座高大的烈士墓。墓周围青松苍进挺拔。中共中央东南局旧址在云岭山麓丁家山村。为面北坐南，砖墙瓦顶的两进普通民房。1979年4月，中共中央批准建立纪念馆，负责管理云岭地区革命遗址和革命文物。纪念馆设于新四军军部大会堂后进，在占地700余平方米的陈列室内，陈列着照片、图表、油画、雕塑、实物和复文等文物达400多件，其中有周恩来、叶挺、陈毅等同志在新四军军部的合影，周恩来同志在新四军军部大会上做报告的珍贵留影，1941年1月18日刊登在《新华日报》上的周恩来同志为皖南事变中死国难者气壮山河的题词手迹。

新四军军部司令部旧址

在安徽泾县云岭山下罗里村。原为两座老式的地主庄园（一名种墨园），有71间民房与一个小花园。内有参谋处、秘书处、作战科等，以及军长叶挺、副军长项英、副参谋长周子昆的办公室和卧室。种墨园的第一进大厅为司令部会客室。1939年2月，周恩来到云岭视察期间，也下榻于此。今辟为新四军军部旧址纪念馆。

新四军军部大会堂旧址

在安徽泾县云岭山下云岭村陈氏宗祠。建于清康熙年间。前、中、后3个大厅，建筑宏伟壮观。新四军军部在云岭期间，这里是各种重大会议和文化娱乐活动主要场所。1939年2月，周恩来到云岭视察，曾在此做过报告。新四军军部旧址纪念馆占地700余平方米的陈列室，即设在大会堂后进。

新四军军部政治部旧址

在安徽泾县云岭山下汤村。原为一幢三间两厢双进厅房。后进两厢，右为政治部主任袁国平办公室兼卧室，左为政治部副主任邓子恢办公室兼卧室。前进两厢为政治部秘书长黄诚等办公及住处。政治部下设的保卫、组织、宣传、民运、敌工等办事机构及《抗敌报》编委会，均分布于汤村村内。

新四军驻福州办事处旧址

在福建福州市安民巷 53 号。抗日战争时期，国共合作。1938 年春，中共中央东南分局委派新四军副军长、参谋长张云逸向国民党福建省政府提出在福州设新四军办事处，后租赁民房作为办公地点。办事处为 3 间排平房，前后有天井、披榭、厨房，周围有风火墙，面积约 900 多平方米。中共中央东南分局派闽东特委书记范式人和闽东特委宣传部长兼统战部长王助为办事处负责人。对外则以王助为主任，下设秘书1员（范式人任），副官1员（章水和任），以及1个警卫班，两个炊事员。办事处陈设简单而整洁，厅堂正中排列桌椅，既做会议室，又做会客室；两厢房有床铺，做卧房兼办公室；余房为厨房、饭厅以及警卫人员宿舍。办事处成立后，主要开展救亡运动，通过组织歌咏队，团结一批青年学生，进行抗日宣传；并领导闽东特委及闽侯、连江等地下党工作。1939年5月，办事处迁离福州，在此工作约16个月。

新四军办事处旧址

在江西景德镇莲花塘西侧。清道光年间，建绍文书院于此，后改为绍文小学。1937年12月至1939年下半年，为新四军景德镇办事处驻地，赣东北新四军办事处中心。1938年，中南局赣东北特委亦设于此，对外名称仍是新四军驻景德镇办事处，邵式平于1927年6月底来镇整顿党组织，曾在此处开办过为时两周的训练班。现为景德镇市委保育院。

新四军平江通讯处旧址

在湖南平江县城东南 40 余公里的嘉义镇。1937 年，抗日民族统一战线建立后，中国共产党领导的在江南地区的革命武装改编为新四军。部队在出发时，湘鄂赣边区留下了 140 多名战士和军属，于 1938 年 1 月在这里成立了"新四军平江通讯处"，广泛发动湘鄂赣边区人民积极开展抗日救亡活动。1939 年 6 月 12 日，蒋介石指使杨森部袭击"新四军平江通讯处"，惨杀新四军参议徐正坤、八路军副官罗梓铭等 6 人，制造了"平江惨案"。旧址于 1977 年复修后，按原貌作了复原陈列，并在左侧辟辅助陈列室。

新四军第五师司令部旧址

位于湖北省随州城南 38 公里的洛阳店九口堰。伟大的无产阶级革命家、军事家、坚定的马克思主义者、党和国家卓越的领导人李先念同志，1939年率领新四军鄂豫挺进支队进入随州洛阳店九口堰地区，开辟了白兆山抗日根据地。1941年2月，中共中央军委将鄂豫挺进支队改编为新四军第五师，4月5日师长李先念在九口堰通电就职。五师司令部长期驻扎在九口堰孙家大湾，当年原状保存完好，其他师直机关所在地如抗大十分校、被服厂、医院、边区建设银行、印刷厂、挺进报社、兵工厂等旧址也都保存完好。五师司令部、政治部旧址在孙家大湾正中一栋三进两院、砖木结构的老式民房里。越过小院，正中央的三间屋子里是当年五师司令部的会议室，室内挂满了各种图表、照片和说明文字。五师战史上大大小小数十次战斗都是在这个会议室内布置的。北侧的机要室内，陈列着五师老首长的24幅题词。南侧是五师的参谋处、军需处。穿过第二层，第三层正中央是五师师长李先念、五师军政委员会副书记陈少敏的办公室，室内仍然是当年的摆设：两张桌子、4把椅子。南厢是陈少敏的卧室，墙壁上悬挂着一幅她当年身着戎装，面部刚毅凛然的半身照。北侧是李先念当年的卧室，室内陈放着李先念当年使用过的实物：1张旧式雕花木架床、2

张靠背椅和 1 张小方桌。1983 年 7 月，洛阳公社党委在此建立陈列馆。1984 年 10 月李先念题写了"国民革命军陆军新编第四军第五师司令部政治部旧址"赠洛阳店九口堰。九口堰现设有新四军第五师司令部旧址陈列馆、九口堰文物管理处等机构，陈列有图片、实物、资料，反映了当时革命斗争情况，已成为缅怀革命前辈、进行革命传统教育的纪念地。

新城大捷旧址

在江西宁冈县北新城镇，距砻市 15 公里。清时曾为永（新）宁（冈）县城。四周筑有城墙，为三国时期建造，基脚墙砖刻有"周瑜"2 个字。现全城只剩南门城楼和西边一段城墙。1928 年 1 月，工农革命军区在遂川分兵发动群众，赣敌趁机派兵盘踞于此。2 月 18 日工农革命军到此回击敌军。当场击毙伪营长，活捉伪县长，俘敌百余人，缴枪数百，粉碎了敌人对井冈山革命根据地的首次进犯。

《新华日报》办事处旧址

在江苏南京市中山北路258号。它是周恩来为首的中共代表团领导下的南京《新华日报》筹备处和重庆《新华日报》驻南京办事处。《新华日报》是中共在国民党统治地区办的机关报。它是在西安事变时蒋介石亲口允许的。但蒋介石一到南京，就搪塞拖赖，拒不发给《新华日报》发行登记证。蒋介石逃到武汉后，在中共和社会舆论的强大压力下，被迫同意《新华日报》于1938年1月11日在武汉出版。以后《新华日报》又迁重庆。抗战胜利后，中共代表团和《新华日报》社一齐来到南京，在此继续办报。但蒋介石始终没有发给出版登记证。

新民学会遗址

在湖南长沙市荣湾镇南刘家台子。原是无产阶级革命家、中国共产党早期领导人之一蔡和森在长沙的故居。1938年毁于长沙大火。现被保存的遗址面积有 3000 多平方米。新民学会，是毛泽东、蔡和森、何叔衡等早期组织的革命团体。1918 年 4 月 14 日，毛泽东、蔡和森、张昆弟等 13 人，在蔡和森家里成立。学会经常组织会员讨论国家大事和世界形势，研究俄国革命经验，寻求改造中国的道路和方法，为中国共产党的创建在思想上、干部上做了重要准备。中共"一大"召开之前，学会停止了活动。先后出过两次会务报告和三期会员通讯集。

横山县抗日民主政府旧址

在江苏江宁县横溪乡呈村大队。1938 年新四军第二支队初进横山，粟裕等曾在此住过。1941 年成立横山县抗日民主政府。以后经常移动，1945 年初在此正式成立横山抗日民主政府，直到新四军北撤。旧址现存门楼、大厅等 13 间砖木结构的平房。

横山新四军第一支队指挥部旧址

在江苏江宁县横溪乡尚庄大队，原为民居，1938年新四军挺进江南敌后，在江宁、溧水一带打击敌人。粟裕、钟期光等新四军领导人，曾在此指挥过抗日战争。陈毅从茅山来江宁时，即住尚庄。附近的鸡冠岭，地处江宁、当涂、溧阳三县交界，一支队新三连曾与日军在此激战三昼夜，重创敌军。旧址现存7间瓦房。

遵义会议会址

在贵州遵义市老城子尹路。（今改为红旗路）。原为黔军第二师师长柏辉章官邸。建于20世纪30年代初，是一座砖木结构曲尺形洋房。砖木结构。一楼一底，呈曲尺形，坡屋面。楼上四周有走廊相通。楼顶饰有泥塑花卉浮雕。楼下正门矗立一高大的牌坊。占地面积520平方米。1935年1月，上旬中国工农红军第一方面军长征到达遵义后，总司令部驻此。中共中央于15日至17日在此召开政治局扩大会议。参加会议的有毛泽东、朱德、陈云、周恩来、张闻天、秦邦宪、王稼祥等20人，当时由于王明"左倾"冒险主义的领导，红军主力被迫退出中央革命根据地进行长征。在长征中，红军继续受到严重损失。为了挽救危急中的红军和中国革命事业，党中央政治局举行了这次会议。会议揭发和批评了第五次反"围剿"和长征以来中共中央在军事领导上的错误，通过了《中共中央关于反对敌人五次"围剿"的总结决议》，推选毛泽东为政治局常委，取消博古、李德的最高军事指挥权。随后，按会议精神，常委分工由张闻天代替博古负总责，朱德、周恩来负责军事，后又组成由毛泽东、周恩来、王稼祥参加的3人指挥小组。这次会议结束了王明"左倾"冒险主义在中央的统治，确立了毛泽东在红军和党中央的领导地位，使红军和党中央得以在极其危急的情况下保存下来，并在其后战胜张国焘的分裂主义，胜利地完成了长征，打开了中国革命的新局面。新中国成立后建立了纪念馆。20世纪70年代末，又完成会址复员陈列。

遵义县革命委员会旧址

在贵州遵义市政府院内，原为遵义县豫章学校。系木结构两层穿斗式楼房。1935年1月中央工农红军进驻遵义后，总政治部帮助当地群众在此建立了县革命政权"遵义县革命委员会"。在其中任职的有红军干部罗梓铭（主席）、徐特立（教育委员）、毛泽民（财政委员）等和遵义的几个青年知识分子。县革命委员会的任务是打土豪，分田地，推行苏维埃政府的土地政策、经济政策和劳动法等。